한국인이 꼭 알아야 할
일본 시인

한국인이 꼭 알아야 할
일본 시인

오석륜 지음

청색종이

책을 펴내며

왜, 지금, '한국인이 꼭 알아야 할 일본 시인'인가

1

한국인이 꼭 알아야 할 일본 시인은 누구인가. 이 질문에 선뜻 대답할 수 있는 사람이 몇이나 될까. 동서고금에 걸쳐 유명 시인들의 이름에 익숙한 우리에게 일본 시인들은 여전히 낯설다. 아니, 일본을 대표하는 시인의 이름을 거론하는 것은 물론이고, 들어 본 적도 없을 듯.

우리가 알고 있는 것처럼, 한국에서 신시를 개척하고 발전시킨 최남선·이광수·주요한·오상순·김소월·정지용·백석 등은 당시 일본에서 유학 생활을 하며, 일본 시인으로부터 직간접적으로 영향을 받았다. 그럼에도 불구하고, 우리는 지금, 일본 문학사에서 일본 시단을 대표하는 시인들의 작품을 읽어볼 기회조차 갖지 못하고 있다. 그 또한 부정할 수 없는 사실일 것이다. 이는 문학의 본령이 시라는 점에서도, 시를 좋아하는 한국인 입장에서도 안타까운 일이다.

 이에 이 책은 더 늦기 전에 한국인에게 '한국인이 꼭 알아야 할 일본 시인'을 엄선하여 그들의 시를 소개하고, 시 세계를 조명하는 시간을 가져야 한다는 의무감 혹은 소명 의식에서 출발한다. 이 작업이 이루어지면, 한일 양국의 시적 관련성 혹은 영향 관계를 규명하는 데도 적지 않은 바탕이 될 것이다. 그런 긍정적 효과를 기대한다.

 이런 생각으로 우선, 일본의 근현대를 대표하는 시인 열 명을 선별하였다. 그 기준은 다음의 두 가지다. 첫째, 선별된 시인들은 각각 일본 시사(日本 詩史)에서 중요한 의의를 가진다는 사실이다. 둘째, 이들의 작품이 정서적으로 한국인과도 잘 어울리며, 한국 시단에도 일정 부분 영향을 주었을 것이라는 생각도 작동하고 있다. 이는 분명, 한국 시를 읽어온 독자들에게는 일본 시의 묘미를 찾는 계기가 될 것이다.

2

 다음은 이 책에서 소개하여 한국 독자에게 널리 알리고 싶은 시인들이다.

 시마자키 도손(島崎藤村, 1872-1943), 기타하라 하쿠슈(北原白秋, 1885-1942), 다카무라 고타로(高村光太郎, 1883-1956), 하기와라 사쿠타로(萩原朔太郎, 1886-1942), 니시와키 준자부로(西脇順三郎, 1894-1982), 다나카 후유지(田中冬二, 1894-1980), 미요시 다쓰지(三好達治, 1900-1964), 아유카와 노부오(鮎川信夫, 1920-1986), 시라이시 가즈코(白石かずこ, 1931-), 다니카와 슌

타로(谷川俊太郎, 1931-)로 모두 열 명이다. 태평양 전쟁 이후(1945년)에 태어난 시인은 다루지 않음을 밝힌다.

먼저, 시마자키 도손은 일본 문학사에서 근대시를 여는 시인으로 평가받으며 후대의 시인들에게 큰 영향을 끼쳤다는 점에서, 기타하라 하쿠슈는 일본 시사에서도 일본인에게서도 '국민 시인'으로 평가받는다는 사실에 근거하였고, 다카무라 고타로는 이상주의적 경향과 독특한 시적 세계를 펼친 시인이라는 점에서 각각 선별하였으며, 하기와라 사쿠타로는 일본 근대시에서 구어시의 완성자로, 니시와키 준자부로는 일본 시단에 주지주의 시 보급자로서의 역할에 방점을 두었다.

그리고 다나카 후유지는 상대적으로 일본 시단에서 그 비중이 약해 보이지만, 일본인이 좋아하는 시인일 뿐 아니라, 우리나라의 백석 시인에게 영향을 준 점을 고려하여 검토의 대상으로 삼았다. 미요시 다쓰지는 일본인에게서 기타하라 하쿠슈 이후의 '국민 시인'으로 불릴 만큼 그 지명도가 높다. 특히 한국과 한국인에 관한 작품을 다수 남겨 우리에게는 흥미로운 시인이고 연구 대상이다.

또한 시라이시 가즈코는 전후에 활동한 대표적인 여류 시인으로, 남성 시인이 표현하기 어려운 여성 특유의 감각이 돋보이는 점에서 분석 대상에 포함시켰다. 다니카와 슌타로는 전후에 활동하고 있는 시인 중에서 가장 활발하고 인기 있는 시인으로, 그 인지도가 아주 높다는 점과 최근 한국의 신경림 시인과 함께 시집을 출간하여 한국인에게도 알려진 인물이라는 점을 고려하였다.

이 책은 이러한 시인들의 각각의 특징을 토대로 그들의 작품을 소개하였으며, 한국인 독자들이 이해할 수 있도록 쉽게 풀어놓았다. 그렇게 다룬 열 명 시인의 작품은 모두 60여 편. 각각의 시인의 대표작 혹은 시대적 특성을 반영하는 것이라 생각되어 인용하였다. 또한, 인용하여 소개하는 시는 필자가 직접 한국어로 번역하였으며, 일본어 원시도 함께 실어 독자들의 이해에 도움을 주고자 하였다.

3

참고로, 이 책에서 인용하여 수록한 시는 다음과 같다.

시마자키 도손의 시는 3편으로 「첫사랑(初戀)」, 「치쿠마강 여정의 노래(千曲江旅情の歌)」, 「야자 열매(椰子の実)」이며, 기타하라 하쿠슈의 시는 「사종문비곡(邪宗門祕曲)」, 「실내 정원(室內庭園)」, 「입맞춤(接吻)」, 「세월은 가네(時は逝く)」, 「첫사랑(初戀)」, 「낙엽송(落葉松)」, 「눈 내리는 새벽(雪曉)」의 7편이다.

다카무라 고타로의 시는 「조슈유비소 풍경(上州湯檜曾風景)」, 「가을의 기도(秋の祈)」, 「길(道程)」, 「물떼새와 노는 치에코(千鳥と遊ぶ智惠子)」, 「레몬 애가(レモン哀歌)」의 5편을 소개했다.

그리고 하기와라 사쿠타로의 시는 6편으로, 「대(竹)」, 「개구리여(蛙よ)」, 「군중 속을 찾아 걷다(群衆の中を求めて行く)」, 「우체국 창구에서(郵便局の窓口で)」, 「부처(佛陀)」, 「도네가와강 기슭(利根川のほとり)」이다.

니시와키 준자부로의 시는 시집 『Ambarvalia』에 실린 4편인 「날씨(天気)」, 「카프리의 목인(カプリの牧人)」, 「눈(眼)」, 「나그네(旅人)」와 시집 『나그네는 돌아오지 않는다(旅人かへらず)』에 실린 7편인 「나그네는 돌아오지 않는다(旅人かへらず) 1」, 「나그네는 돌아오지 않는다(旅人かへらず) 2」, 「나그네는 돌아오지 않는다(旅人かへらず) 3」, 「나그네는 돌아오지 않는다(旅人かへらず) 4」, 「나그네는 돌아오지 않는다(旅人かへらず) 5」, 「나그네는 돌아오지 않는다(旅人かへらず) 166」, 「나그네는 돌아오지 않는다(旅人かへらず) 168」을 합해 모두 11편이다.

다나카 후유지의 시는 9편으로 「푸른 밤길(青い夜道)」, 「고향에서(ふるさとにて)」, 「칡꽃(くずの花)」, 「진눈깨비 내리는 조그마한 거리(みぞれのする小さな町)」, 「닭장(鷄小屋)」, 「가을밤(秋の夜)」, 「접시(皿)」, 「지붕에 붓꽃이 핀 집(家根に鳶尾科の花の咲いた家)」, 「마을(村)」이다.

미요시 다쓰지의 시는 「유모차(乳母車)」, 「향수(鄕愁)」, 「석류(石榴)」, 「흑개미(黑蟻)」, 「흙(土)」, 「파이프(パイプ)」, 「잔과(殘果)」, 「거리(街)」, 「겨울날(冬の日)」의 9편이며, 아유카와 노부오의 시는 4편으로 「죽은 남자(死んだ男)」, 「게센호텔의 아침 노래(繫船ホテルの朝の歌)」, 「신의 병사(神の兵士)」, 「전우(戰友)」.

시라이시 가즈코의 시는 「달걀이 내리는 거리(卵のふる街)」, 「이 용서할 수 없는 것(この許せないもの)」, 「스트리트(ストリート)」, 「남근(男根)-스미코의 생일을 위하여(男根-スミコの誕生日のために)」의 4편이며, 다니카와 슌타로의 시도 4편으로 「이십억 광년의 고독(二十億光年の孤獨)」, 「62(六二)」, 「내 친구 컴퓨터에게(我が友コンピューターに)」, 「자기소개(自己紹介)」이다.

4

이 책은 고마운 분들의 사랑으로 피어난 것이다. 무엇보다 작금의 녹록지 않은 출판 환경에도 선뜻 출판의 뜻을 밝혀주신 청색종이 김태형 대표님께 감사의 말씀을 드리고 싶다. 또한, '한국인이 꼭 알아야 할 일본 시인'에 대한 나의 의지를 충분히 이해하고 조언을 주신 단국대학교 문예창작과 박덕규 교수님께도 고맙다는 인사를 건넨다. 끝으로, 이 책의 원고를 완성하기까지 적지 않은 시간이 걸렸음에도 묵묵히 책과 책상 곁을 지켜준 나 자신에게도 격려를 보내며, 강호제현의 넉넉한 질정을 기다린다.

2024년 4월
초안산 기슭 연구실에서
오석륜

차례

005　책을 펴내며
　　　왜, 지금, '한국인이 꼭 알아야 할 일본 시인'인가

015　일본 근대시의 개척자
　　　시마자키 도손(島崎藤村)의 시

035　일본의 국민 시인
　　　기타하라 하쿠슈(北原白秋)의 시

059　이상주의적 시 세계와 독특한 개성
　　　다카무라 고타로(高村光太郎)의 시

081　일본 구어시의 완성자
　　　하기와라 사쿠타로(萩原朔太郎)의 시

103　일본 시단에 주지주의 시를 도입한
　　　니시와키 준자부로(西脇順三郎)의 시

125　한국의 백석 시인에게 영향을 준 일본 시인
　　　다나카 후유지(田中冬二)의 시

151　기타하라 하쿠슈 이후의 일본 국민 시인
　　　미요시 다쓰지(三好達治)의 시

187　개인적 체험의 보편화
　　　아유카와 노부오(鮎川信夫)의 시

211　여성으로서의 자기 성찰
　　　시라이시 가즈코(白石かずこ)의 시

235　전후 시(戰後詩)의 큰 별
　　　다니카와 슌타로(谷川俊太郎)의 시

251　참고 문헌

시마자키 도손
島崎藤村

일본 근대시의
개척자

시마자키 도손의 시

　일본의 전통적인 7, 5조의 시적 형식을 지키면서, 메이지유신(明治維新, 1868) 이후 서양에서 수입된 새로운 시 정신을 담아 신체시를 창작하여 주목을 받은 시인이 있었다. 그는 서양의 시, 특히 영시에서 배우고 한편으로는 일본의 전통시 와카(和歌)와 마쓰오 바쇼(松尾芭蕉, 1644-1694) 이후의 하이카이(俳諧), 두보·이태백의 한시 등 동양의 서정에서 생명을 받아들였다. 서양적인 것과 전통적인 것을 하나로 융합해 새로운 시의 아름다움을 만들어낸 것이다. 바로 시마자키 도손(島崎藤村, 1872-1943, 이하, '도손'이라 함)이다. 이것이 일본 문학사나 일본 문학 관련 평자들이 도손을 가리켜 서술하는 일반적인 평가다. 그야말로 그는 일본 근대시의 여명을 알리는 존재였고, 근대시의 일인자였다.

　이 글에서 한국인에게 번역하여 알리는 도손의 시는 「첫사랑(初戀)」, 「치쿠마강 여정의 노래(千曲江旅情の歌)」, 「야자 열매(椰子の実)」의 3편이다. 이들을 선별한 것은 작품의 성격상 일본 근대시의 태동과 함께 동양사상이나 일본의 전통을 잘 드러내고 있다는 점 때문이다. 더불어 일본인에게도 잘 알려져 있다는 사실을 고려하였다.

먼저, 도손은 어떤 인물이었는지 살펴보고 작품을 읽어 보도록 하자.

시마자키 도손(島崎藤村),
그는 누구인가

아마도 한국인에게 도손의 이미지는 소설가일 것이다. 도손이 시인이었어? 라는 의문을 품을지도 모른다. 특히, 사람들에게 잘 알려진 소설 『파계(破戒)』(1906)는 발표와 동시에 당시 많은 평론가에게 상찬받으며, 그에게 소설가의 지위를 확립하게 해준 작품이었다. 일본 자연주의 문학운동의 발족이자, 일본 근대 소설의 출발을 나타내는 기념비적인 명작이 되었기 때문이다. 그 후 『봄(春)』(1908), 『집(家)』(1910), 『신생(新生)』(1918), 『동트기 전(夜明け前)』(1929)』 등, 많은 소설을 잇달아 발표하였다. 도손의 소설은 한국어로 번역·출간된 것이 여럿 있다.

한편, 한국을 대표하는 작가 김동인(1900-1951)은 일본의 메이지가쿠인대학(明治學院大學)에서 유학 생활을 하였는데, 그는 스스로 시마자키 도손의 제자라고 밝히기도 하였다. 《창조》 창간호에 발표한 「약한 자의 슬픔」(1919년 2월)은 스승 시마자키 도손의 작품 『신생』(1918년 신문에 연재한 것을 1919년 1월 1일에 초판 발행)을 모방한 작품이라는 것은 이미 알려진 사실이다.

도손은 1872년 나가노현(長野縣) 니시치쿠마군(西筑摩郡) 태생이다. 본명은 하루키(春樹). 어렸을 때부터 아버지에게서 『논어』 등을 배우며 자랐다. 1881년에 도쿄로 가서 미타에학교(三田英學校)·공립학교(公立學

校)를 거쳐 지금의 메이지대학(明治大學) 전신인 메이지학교(明治學校)에 들어가 크리스트교 세례를 받는다. 이때, 셰익스피어·바이런 등 서양 고전을 탐독하며 문학에 눈을 뜬다. 그의 작품에 동양적인 것과 서양적인 것이 공존한다는 평가는 이러한 그의 성장 과정과 학업과도 관련을 맺는다.

졸업 후 《여학잡지(女學雜誌)》에 번역을 기고하며 문학 활동을 시작했으며, 1893년 잡지 《문학계(文學界)》에 시인 기타무라 도코쿠(北村透谷, 1868-1894)와 함께 동인으로 참가하여 극시 등을 발표하였다. 비평가이며 시인인 도코쿠는 메이지 시대의 문학평론을 이끌었던 인물로, 도손에게 문학적 영향을 준 것으로 알려져 있다.

이후, 도손은 1896년 센다이도호쿠가쿠인(仙台東北學院)의 교사가 되었고, 다음해인 1897년에는 시집 『약채집(若菜集)』을 간행하며 낭만적 서정 시인으로서의 명성을 얻기에 이른다. 시집 『일엽주(一葉舟)』(1998), 『하초(夏草)』(1998), 『낙매집(落梅集)』(1901)을 출간하며 시인으로서의 입지를 굳힌 후, 소설가로 전향하며 소설에 몰두하였다.

1943년 뇌출혈로 임종하기까지 시집이나 장편소설 외에도, 단편집, 수필집, 동화 등 많은 저작을 남겼다. 안타깝게도 그의 시집은 한국어로 번역되어 출간되지는 않고 있다. 부분적으로 시가 번역되어 있을 뿐이다. 이에 이 글이 도손의 시를 이해하는 데 도움이 되었으면 하는 것이 필자의 바람이다.

「첫사랑」과 '시적 근대성'

시마자키 도손의 대표작의 하나로 사람들에게 널리 알려져 있으며, 일본 근대 시사에서 상징적인 의미를 갖는 시는 「첫사랑(初戀)」이다. 전문을 읽어 보자.

이제 갓 틀어 올린 앞머리
사과나무 가지 사이 보일 때
앞머리에 꽂은 꽃 비녀가
꽃다운 그대라고 생각했네

부드럽게 하얀 손을 내밀어
사과를 내게 건네준 것은
연분홍색 가을의 열매에
사람을 그리워하기 시작한 것이다

무심코 내쉬는 한숨이
그녀의 머리카락에 스칠 때
달콤한 사랑의 잔을
그대 크신 정(情)에 따라줄까 보다

사과밭 사과나무 그늘 아래에

저절로 생긴 오솔길은

누가 처음 밟기 시작한 자국이냐고

물으시는 것도 사랑스러워라

「첫사랑」 전문

まだあげ初めし前髮の/ 林檎のもとに見えしとき/ 前にさしたる花櫛の/ 花ある君と思ひけり// やさしく白き手をのべて/ 林檎をわれにあたへしは/ 薄紅の秋の實に/ 人こひ初めしはじめなり// わがこゝろなきためいきの/ その髮の毛にかゝるとき/ たのしき戀の盃を/ 君が情に酌みしかな// 林檎畠の樹の下に/ おのづからなる細道は/ 誰がふみそめしかたみぞと/ 問ひたまふこそこひしけれ

「初戀」全文

이 작품은 흔히 말하는 연애시다. 제목에서 나타난 것처럼, 시의 주제는 첫사랑. 그의 첫 시집 『약채집』(1897)에 실린 것으로, '약채(若菜)'는 '봄나물' 혹은 '새싹'이라는 뜻이다. 시가 품고 있는 첫사랑의 감정은 '청순함' 혹은 '순수함'이다. 결코 격정적이거나 정열적이지 않다. 시적 화자인 '처녀'와 '청년', 그 양자 사이에 잔잔한 시냇물이 흐르는 것 같다. 이 한 편에 대해서 일본의 평자들은 도손의 시가 남성적인 시풍보다는 부드럽고 유연한 여성적인 작품 세계를 보여 주는 사례라고 평가한다. 이후의 시작들도 대체적으로 그러한 경향을 띤다.

시를 좀 더 깊이 들여다보자. 공간적 배경은 사과밭. 1연은 그 사과밭에서 만난 젊은 여인에 대한 인상이다. "갓 틀어 올린 앞머리"와 "앞머리에 꽂은 꽃 비녀"는 소녀티를 벗어난 처녀의 모습으로, 그녀에 대한 아름다움을 표현하기 위한 시인의 의도로 읽힌다. 사과나무와 조응하고 있다. 2연은 그런 여인이 화자에게 건네주는 사과에 시선이 집중되어, "부드럽고 하얀 손" 역시 그녀에 대한 아름다운 자태를 서술한 것. 그리하여 사과를 내미는 여인이 "사람을 그리워하기 시작한 것이다"에 이르면 첫사랑에 대한 따스한 감정이 느껴진다. 여성에게 전달되는 "무심코 내쉬는 한숨이/ 그녀의 머리카락에 스"치면, 두 사람 사이에는 사랑이 이루어진다. 그 장면은 3연에 연출되어, "달콤한 사랑의 잔을/ 그대 크신 정(情)에 따라줄까 보다"는 화자인 청년의 마음 상태. 마침내 4연에 등장하는 "오솔길"은 두 사람이 서로 오고 간 사랑의 징검다리처럼 다가오는데, "누가 처음 밟기 시작한 자국이냐고/ 물으시는 것도 사랑스러워라"는 처녀와 청년의 사랑이 발전의 길로 접어드는 듯한 암시를 준다.

그럼, 왜 이 시가 일본 근대 시사에서 상징적인 의미를 지닐까. 당시의 시단은 연애시를 시의 소재나 주제로 다루는 일이 무척이나 드물고 대단히 이례적이었기 때문이다. 연애를 죄악시하거나 멸시하는 유교적 사상의 영향이 가시지 않은 시기였다. 그러나 일찍부터 기독교를 통해 서양의 개인주의와 자유주의 사상에 물들어 있던 그는 인간성의 극히 자연스런 감정인 연애를 대담하고 솔직하게 시의 제재로 다루었다. 이것이 이른바 인간성 해방의 요구로 이어지고 있다는 점에서 도손의 연애시는 '근대성이 있었다'는 평가를 받는 것이다.

여기서 잠깐, 이 시집 출간을 전후로 한 일본 시단의 모습을 살펴보자. 시기적으로 1880년대 전후의 일본 시단은 문명개화의 풍조 속에 단가·하이쿠·한시 등 종래의 전통적인 문예에 대해서, 새로운 시대의 사상이나 감정을 표현할 수 있는 신시 형식이 태동하고자 하는 기운이 싹트고 있었다. 서양 시를 본보기로 하여 『신체시초(身體詩抄)』(1882)가 출판된 것도 이때다. 일본 문학사는 이 무렵을 '새로운 시가 시작되었다'고 기록하고 있다. 그로부터 15년 후, 도손은 낭만적 서정시의 성격을 갖는 첫 시집 『약채집』을 펴내며 세평을 얻는 데 성공한다. 이는 당시의 시대적 흐름에 편승하며 시가 충분히 시대의 예술적 요구를 만족시킬 수 있다는 방증이었다. 이때 그의 나이는 25세였다. 무엇보다 당대뿐만 아니라 후대의 시인들에게 커다란 영향을 주었다는 점은 주목할 만하다.

「치쿠마강 여정의 노래」에 담긴 '동양적 사상'

다시 시마자키 도손의 또 한 편의 시 「치쿠마강 여정의 노래(千曲江旅情の歌)」를 소개한다. 시는 전체가 1장과 2장으로 구성되어 있다. 일본에서는 통상적으로 1장과 2장이라고 표현하여, 필자도 거기에 따른다. 1장은 3개의 연에 18행, 2장은 4개의 연에 20행으로, 모두 7개의 연에 38행으로 된 비교적 호흡이 긴 작품이다.

1

고모로(小諸)의 옛 성터 옆
구름은 하얗고 나그네는 슬퍼하네
인연을 맺어 주는 별꽃은 아직 싹 트지 않아
어린 풀을 깔고 앉을 수도 없네
눈부신 은빛 이불 덮은 저 언덕
해에 녹아서 얇은 눈 흘러가네

따스한 햇살은 비쳐도
들녘에 가득한 향기도 모르고
야트막하게 봄은 안개로
보리 빛깔만 겨우 푸르네
나그네는 몇 무리를 지어
밭두렁 길 서둘러 지나갔네

날 저물어 잠깐의 틈도 보이지 않고
가락 구슬픈 사쿠(佐久)골의 풀피리 소리
치쿠마강 굽이도는 물살
강가 가까운 숙소로 올라가
탁주를 취하도록 마셔가며
풀베개에 잠시 시름을 잊는다

2

어제도 또 이렇게 있었다

오늘도 또한 이렇게 있을 것이다
이내 목숨 무엇을 연연해 하나
내일만을 생각하며 시름겨워한다

몇 번이던가 흥망성쇠의 꿈
그 자취 남은 골짜기로 내려가고
흐르는 강 물살을 굽어보면
모래 섞인 물 휘돌아오네

아아 옛 성은 무엇을 말하며
강기슭의 파도는 또 무언가 답을 한다
지난 세월을 조용히 생각하니
백 년도 엊그제 같다

치쿠마강 버들에 안개가 끼고
봄은 얕고 물 흘러간다
홀로 여기 바위를 돌며
이 강기슭에 시름을 매어 본다

「치쿠마강 여정의 노래」 전문

一

小諸なる古城のほとり/ 雲白く遊子悲しむ/ 緑なす繁蔞は萌えず/ 若草も藉くによしなし/ しろがねの衾の岡邊/ 日に溶けて淡雪流る// あたゝかき光はあれど/ 野に滿つる香も知らず/淺くのみ春は霞みて

/ 麥の色わづかに青し/ 旅人の群はいくつか/ 畠中の道を急ぎぬ// 暮れ行けば淺間も見えず/ 歌哀し佐久の草笛/ 千曲川いざよふ波の/ 岸近き宿にのぼりつ/ 濁り酒濁れる飲みて/ 草枕しばし慰む

二

昨日またかくてありけり/ 今日もまたかくてありなむ/ この命なにを齷齪/ 明日をのみ思ひわづらふ// いくたびか榮枯の夢の/ 消え殘る谷に下りて/ 河波のいざよふ見れば/ 砂まじり水巻き歸る// 嗚呼古城なにをか語り/ 岸の波なにをか答ふ/ 過し世を靜かに思へ/ 百年もきのふのごとし// 千曲川柳霞みて/ 春淺く水流れたり/ たゞひとり岩をめぐりて/ この岸に愁を繋ぐ

「千曲江旅情の歌」全文

시는 그가 출간한 『도손 시집(藤村詩集)』(1927)에 실린 것으로, 나가노현(長野県) 고모로의숙(小諸義塾) 교사로 근무할 때의 작품이다. 1장과 2장의 초출은 각각 1899년과 1900년. 도손의 나이 각각 27세와 28세 때다. 처음에는 별개의 작품으로 발표되었으나, 후에 한 편으로 묶었다는 점을 감안하고 감상하면 좋을 듯. 도손의 시작(詩作)에서 거의 마지막을 장식하는 대표작이며, 역시 사람들에게 잘 알려져 있다.

시의 주된 흐름은 여행의 정서다. 화자는 나가노현 고모로시에 있는 옛 성터 주변에서 만난 초봄의 풍경을 그리며, 한 잔 술로 여행의 쓸쓸함을 자위하고 있다. 시 전체적으로 보면, 인간의 '감개(感慨)'와 '인생표박(漂泊)'의 생각을 담고 있다. 감개는 어떤 감동이나 느낌이 마음 깊은 곳에서 배어 나옴 또는 그 감동이나 느낌을 가리키는 말이며, 표박은 고향을 떠나 정처 없이 떠돌아다니는 것을 뜻한다. 그렇게 생각하면, 작품의 발상이나 시에 흐르는 생각은 다분히 동양적이고 일본적이다. 주로 이백과 두보의 시, 그리고 일본을 대표하는 하이쿠 시인 마쓰오 바쇼의 시가 작품의 근저에 흐르고 있다는 평가를 받는 것도 그 때문이다.

먼저 1장을 들여다보면, 1연은 고모로의 옛 성터의 풍경 묘사와 더불어 나그네로 등장하여 성터를 찾고 있는 화자가 어우러진다. 지배적인 시적 기류는 나그네가 슬퍼하는 쓸쓸한 분위기. "구름은 하얗고 나그네는 슬퍼하네"를 시의 공간적 배경을 나타내는 고모로 옛 성터에 배치한 것은 다분히 시인의 의도로 파악할 수 있다. '하얀 구름'과 함께 '아직 싹트지 않은 별꽃', '눈이 녹지 않은 언덕'의 등장은 나그네의 슬픔에 동조하는 기능을 한다. 2연은 1연을 이어받아 야트막한 성터에서 내려다본 풍경을 원경(遠景)으로 그려낸다. "보리 빛깔만 겨우 푸"른 것과 "나그네는 몇 무리를 지어/ 밭두렁 길 서둘러 지나갔네"에는 아직도 찬바람이 불고 있다는 느낌과 함께 화자의 쓸쓸함이 배어 있다. 날이 저물어 저녁 무렵의 정경인 3연 "가락 구슬픈 사쿠(佐久)골의 풀피리 소리"와 "치쿠마강 굽이도는 물살"을 주목해서 읽으면, 경치에 더하여 취하도록 마시는 "탁주"와 잠시 시름을 잊게 하는 "풀베개"가 나그네의 우수를 좀 더 깊게 하는 쪽으로 작용한다. 즉, 1연과 2연에 비해 3연은 나그네가 느끼는 쓸쓸함의 농도가 좀 더 짙어지고 있음을 알 수 있다.

1장이 여행의 정서를 주제로 하면서도 대체로 객관적 묘사 속에 그 주제를 전개하고 있다면, 2장은 전체적으로 풍경 묘사에 삶의 감개를 투입하고 있다. 다분히 주관적인 취향이 강하다. 또한, 중심이 되는 시상(詩想)도 단순한 여행의 정서에서 인생 그 자체의 적요(寂寥)로까지 깊어지는 양상이다. 내면적, 사상적 경향이 강해지고 있다는 뜻. 2장 1연 "이내 목숨 무엇을 연연해 하나/ 내일만을 생각하며 시름겨워한다"에는 인생의 번뇌에서 벗어나려는 마음, 즉, 현세적 욕망이나 집착을 끊고자 하는 심경이 내장되어 있다. 2연은 "흥망성쇠의 꿈"이 "그 자취 남은 골짜기로 내려가고/ 흐르는 강 물살을 굽어보는" 화자의 생각을 경치에 담아낸다. 인생무상이다.

여기서 이 작품이 바쇼의 "여름 잡초여 병사들 고함 소리 꿈의 자취가(夏草や兵共が夢の跡)"라는 하이쿠가 시인에게 영향을 주고 있다는 평가(요시다 세이이치(吉田精一) 저·정승운 역(2003), 『일본 현대시 감상』, 보고사 p.72)에 주목해 보자. 이 하이쿠는 용맹스러운 병사들의 치열한 전쟁과 영화도 시간의 흐름 속에서는 일장춘몽이며, 모든 것은 유전(流轉)하며, 그 자리에는 그것을 말해 주는 여름 잡초만이 무성하다는 뜻을 머금고 있다. 바쇼의 하이쿠와 도손의 이 시가 정조에서 서로 닮아 있음을 알 수 있다. 그러나 2연은 도손의 직접적인 체험에서 비롯된 것이다. 이어지는 3연 역시 옛 성과 강을 대조하면서 "아아 옛 성은 무엇을 말하며/ 강기슭의 파도는 또 무언가 답을 한다"고 노래하며 인생무상을 강조하고 있다. 이것은 사람 사는 세상을 유구한 자연에 대립시킨 것으로, 동양적이며 전통적인 인생관의 반영이다. 마지막 4연은 초봄의 강가에 선 나그네의 우수가 더욱더 깊어져 "이 강기슭에 시름을 매어 보네"로 귀결하고 있다.

시를 살펴본 것처럼, 이 작품은 전통적 시상을 예술화하는 데 성공하고 있다. 근대적인 새로운 사상을 찾아보기는 어렵다. 산이 많은 지방에 남아 있는 옛 성과 초봄의 풍경을 표현하기에는 동양적 사고가 더 어울렸을 것이라는 추측을 할 만하다. 「치쿠마강 여정의 노래」는 인생무상 혹은 인생 관조의 깊이가 무게를 더해 주며, 지금도 일본인들이 애송하는 작품으로 호평받고 있다. 작품의 창작 시기로 보면, 도손이 젊은 날 꿈꾸었던 시인으로서의 꿈을 접고 산문의 세계로 이행하고자 했던 시기다. 이런 점에서도 이 시는 주목의 대상이 되고 있다.

「야자 열매」에 나타난 '낭만성'과 '인생 표박(人生 漂泊)'

시마자키 도손의 시에 곡을 붙여 노래로 불린 것이 있는데, 「야자 열매(椰子の実)」가 그것이다. 이 작품이 일본인에게 특히 더 잘 알려져 있고 친숙한 것은 그 때문이다. 전문을 번역하여 인용한다.

> 이름도 모르는 먼 섬에서
> 흘러온 야자 열매 하나
>
> 고향의 기슭을 떠나
> 그대는 그토록 파도에 몇 달

본래의 나무는 무성하게 자라나고
가지는 더 많은 그늘을 만드는가

나 또한 물가를 베개 삼아
외로운 몸 떠다니는 여행이어라

열매를 건져서 가슴에 대면
새로워지는 유랑의 슬픔

바다에 해가 지는 것을 보면
쏟아져 내리는 타향의 눈물

생각해 보는 겹겹의 아득한 물길
어느 날엔 다시 고향에 돌아가겠지

「야자 열매」 전문

    名も知らぬ遠き島より/ 流れ寄る椰子の実一つ// 故郷の岸を離れて/ 汝はそも波に幾月// 旧の樹は生ひや茂れる/ 枝はなほ影をやなせる// われもまた渚を枕/ 孤身の浮寝の旅ぞ// 実をとりて胸にあつれば/ 新なり流離の憂// 海の日の沈むを見れば/ 激り落つ異郷の涙// 思ひやる八重の潮々/ いづれの日にか国に帰らん

「椰子の実」全文

이 시는 해변에 떠내려온 하나의 야자 열매에 자신을 투영하여 유랑의 슬픔과 망향의 정을 노래하고 있다. 우선 이 시를 읽고 느끼는 감정은 앞에서 소개한 도손의 시와 비교하면 비교적 해독하기가 어렵지 않다는 것이다.

먼저 "외로운 몸", "유랑의 슬픔", "타향의 눈물" 같은 시어가 눈에 띈다. 시적 주제에서 생각하면, 앞의 작품「치쿠마강 여정의 노래」와 유사성을 가진다고 볼 수 있다. 이 시에도 '인생 표박'의 생각이 흐르고 있기 때문이다. 도손의 시 작품 전체를 보면, 비교적 이러한 경향의 시가 많은 편이다. 물론「야자 열매」도 당시 출간된 시집『어모영(於母影)』(1889)이라는 번역 시집에서 영향을 받았을 것이라는 평가도 존재한다. 당시 일본의 대표적 소설가인 나쓰메 소세키(夏目漱石, 1867-1916)와 더불어 일본 문단의 주역으로 평가받는 모리 오가이(森鷗外, 1862-1922) 등이 번역한 이 시집은 괴테·바이런 등 서구 시인들의 시를 수록한 것이다. 신체시를 예술적으로 승화시킨 계기가 되었다는 평가를 받고 있으며, 일본인들에게 커다란 영향을 주었다.

「야자 열매」는 그의 나이 28세 때인 1900년에 잡지《신소설(新小說)》에 발표한 것으로, 시집『낙매집』(1901)에 수록되어 있다. 시적 구성은 7연 14행.

시를 찬찬히 들여다보자. 1연에서 눈에 띄는 단어는 "이름도 모르는 먼 섬"이다. 야자 열매가 떠내려온 곳의 장소를 가리킨다. 이는 4연 "나 또한 물가를 베개 삼아/ 외로운 몸 떠다니는 여행이어라"와 호응하여, 멀리서 떠내려온 야자 열매에 자신을 투입하고 있음을 알 수 있다. 2연 "고향의 기슭을 떠나/ 그대는 그토록 파도에 몇 달"에서도 비숫한 정조가 읽힌다. 오랜 시간 고향을 떠난 야자 열매와 자신의 동일화로 파악할 수 있다. 야자 열매의 고향 섬을 떠올리는 것은 3연. "무성하게 자라"난 "본래의 나무"와 "더 많은 그늘을 만"든 "가지"에는 시인의 상상력이 펼쳐진다. 3연까지는 야자 열매를 직접 보고 있는 상황에 화자의 공감을 겹쳐서 나타낸 것이다.

그에 반해 4연부터는 야자 열매에 화자가 작품의 중심으로 자리 잡는다. 5연에는 야자 열매가 시인의 몸에 직접 닿는다. 그리고 그것은 "새로워지는 유랑의 슬픔"으로 작용한다. 이는 주관적인 화자의 생각이 깊어져, 유랑을 떠나온 야자 열매에 자신의 처지를 덧댄 것. 인생 표박을 그려냈다. 6연 "쏟아져 내리는 타향의 눈물"과 7연 "어느 날엔 다시 고향에 돌아가겠지"도 같은 관점을 반영하여 시인의 영탄은 절정에 이른다.

일본인들은 대체적으로 이 작품을 낭만적 열정을 나타낸 것이라고 한다. 시 창작의 모티프는 서양 시에서 찾았고, 그 사상은 '인생 표박'이라는 나그네로서의 떠돌이 감정에 있다. 일반적으로 도손의 시를 가리켜 남성적인 강한 힘이 느껴지는 것이 아니라, 여성적 취향의 작품이 많다고 하는데, 시 「야자 열매」도 시적 경향에서 보면 후자에 부합한다.

마무리 글

이상 시마자키 도손의 대표시 3편을 살펴본 것처럼, 「첫사랑」은 '첫사랑'을 다룬 연애시라는 점이 독특하다. 연애를 하면 죄를 짓는 것처럼 생각하던 당시의 유교 사상의 영향에서 벗어나, 연애를 시적 주제로 삼았다는 것은 주목할 만하다. 이것이 시적 근대성이 있었다는 평가에 기여하였으며, 당시의 문인들이나 일본인에게도 많은 영향을 끼쳤던 것이다.

반면에 「치쿠마강 여정의 노래」는 근대적인 새로운 사상을 찾아보기가 어려운 작품이다. 옛 성과 초봄의 풍경을 표현하며 동양적 사고, 즉, '인생무상' 혹은 '인생 관조'의 깊이를 그 바탕에 머금고 있었다. 이 시는 청춘의 한 시기에 시인을 꿈꾸었던 도손이 소설가로서의 세계로 이행하는 시기에 창작되었다는 점에서 주목의 대상이 된 작품이기도 하다. '인생 표박'의 노래라는 시적 주제에서 보면, 「야자 열매」도 예외는 아니다. 하지만, 창작의 모티프에서는 외국 시의 영향이 농후하다는 점에서, 이 작품은 서양적인 것과 전통적인 것을 하나로 융합해 새로운 시의 아름다움을 만들어낸 사례에 속한다고 볼 수 있다. 그런 점에서 「야자 열매」의 의의가 읽힌다. 물론, 거론한 이들 세 작품 모두 일본인들이 아직도 애송하고 있다는 점은 기억해 두자.

한국인에게 도손의 시는 아직 생소하다. 제대로 번역이 되어 있지 않을 뿐 아니라, 그의 소설가로서의 이미지가 강하기 때문이다. 필자의 이 글이 한국 시나 운문문학을 연구하는 사람들에게 좋은 자료로서의 역할을 할 것이다. 당시 창작된 한국 시와의 비교학적 관점에서 다루어지는 연구 결과가 나오기를 기대한다. 그렇게 된다면 이 글의 몫은 충분하다.

기타하라 하쿠슈

北原白秋

일본의
국민 시인

기타하라 하쿠슈의 시

기타하라 하쿠슈(北原白秋), 그리고 한국 시단과의 인연

문학사적 의의와 생애

일본인들에게 메이지유신(明治維新, 1868) 이후에 태어난 시인 중에서 '국민 시인'으로 불릴 만큼 가장 영향력을 끼친 사람을 한 명 꼽으라고 하면, 기타하라 하쿠슈(北原白秋, 1885-1942, 이하 '하쿠슈'라고 함)가 가장 많이 언급될 것이다. 즉, 그는 일본의 근대 이후의 시단에 시인으로서의 천재적 재능을 펼친 인물이었다.

일본 문학사에 나타난 하쿠슈는 우에다 빈(上田敏, 1874-1916)의 『해조음(海潮音)』(1905), 나가이 가후(永井荷風, 1879-1959)의 『산호집(珊瑚集)』(1913)과 같은 번역 시집의 영향을 받아, 1910년대를 전후로 탐미적 경향을 띤 상징시를 쓴 시인으로 기록되고 있다. 1910년대는 메이지 시대(明治時代, 1868-1912) 말기와 다이쇼 시대(大正時代, 1912-1926) 초기에 해당한다. 언급된 이들 번역 시집은 유럽의 상징시 풍의 작품들을 수록한 것으로, 당시 일본이 받아들인 서구 상징시의 본격적인 수입물이다.

또한, 하쿠슈는 관능(官能)의 해방을 추구한, 이단적인 상징시 풍의 작품들을 발표하여 시단에 신선한 충격을 던져 주었다. 이는 그가 일본 문단을 화려하게 장식한 근대 시사의 대시인으로 평가받는 계기가 된다. '탐미파', '상징시', '이국정취와 도회 문명에 대한 동경', '언어의 마술사' 등이 그의 시를 대변하는 핵심어로 설명할 수 있다. 일본에서는 그의 문학적 업적이 탁월하여 널리 알려져 있으나, 한국인에게는 그다지 알려져 있지 않다는 점을 고려하여, 시인의 문학적 이력과 연보를 살펴 그에 대한 이해를 돕고자 한다.

하쿠슈는 1885년 후쿠오카현(福岡県) 야나가와시(柳川市) 출생으로, 와세다대학 영문과를 중퇴하였다. 19세 때인 1904년 잡지《문고(文庫)》에 기고하였으며,《명성(明星)》에 시를 발표하며 주목을 받기 시작했다. 22세 때인 1909년, 미키 로후(三木露風, 1889-1964), 기노시타 모쿠타로(木下杢太郎, 1885-1945) 등과 문예 잡지《스바루(スバル)》를 창간하여 활발한 작품 활동을 했다. 『사종문(邪宗門)』(1909), 『추억(思ひ出)』(1911), 『도쿄 경물시 및 그 외(東京景物詩及其他)』(1913), 『수묵집(水墨集)』(1923) 등이 그의 대표 시집들이다.

그는 시집 외에도 가집(歌集)인 『동백꽃(梧桐の花)』(1913), 『참새 알(雀卵)』(1921)을 출간하는 등, 가인으로서도 많은 인기를 얻었다. 시인이 생전에 간행한 시집은 26권, 가집은 15권, 동요집은 32권, 가요집은 20권, 산문집은 29권이다. 이렇게 다작에 이를 정도로, 그는 메이지 이후 일본 시단에 국민 시인으로서의 명성에 걸맞은 커다란 업적을 남겼다.

1941년 예술원 회원으로 추대되었으며, 57세 때인 1942년, 당뇨와 간장병 악화로 영면하였다.

기타하라 하쿠슈와 한국 시단과의 인연

한국 시단과 기타하라 하쿠슈와의 인연에는 우선, 정지용(1902-1950) 시인이 있다. 한국 시단에 '모더니즘'이라는 문학사조를 알린 정지용은 당시 일본의 도시샤대학(同志社大學)에 재학 중이었는데, 그때 대학 내 동인지 《가(街)》와 일본의 시 잡지 《근대풍경(近代風景)》에 20여 편 이상의 많은 작품을 발표하였다. 《근대풍경》의 주간이 하쿠슈였다. 그의 배려가 있었던 것이다. 우리에게 익숙한 "옮겨다 심은 종려나무 밑에/ 빗두루 슨 장명등,/ 카페·프란스에 가자."로 시작되는 그의 대표시 「카페·프란스」도 그때의 작품이다. 지금도 정지용 시인의 고향 옥천군과 하쿠슈의 고향 야나가와시가 정기적인 교류를 행하고 있는 것은 이러한 두 사람의 인연을 말해 준다. 필자도 2019년 옥천군 관계자와 야나가와시를 방문하여 하쿠슈와 정지용의 시적 연관성을 살피고 온 적이 있다.

또 하나는 하쿠슈의 시집 『추억(思ひ出)』에 실린 "뜨거운 여름 볕 속에 푸른 고양이/ 가볍게 안아 보니 손이 가렵다.(夏の日なかに青き猫/かろく擁けば手はかゆく)"로 시작되는 시 「고양이(猫)」와 한국 시인 이장희(李章熙, 1900-1929)의 「고양이의 꿈에」, 황석우(黃錫禹, 1895-1959)의 「벽묘의 묘」와의 영향 관계다. 한일 근대 시를 공부하는 한국 문학과 일본 문학 연구자들에 의해 연구가 있었기에 여기서는 구체적인 언급은 생략한

다. 또한, 한국 근대 문학사 최초의 문학 전문 동인지인 《창조》(1919년 2월 1일 창간)에 하쿠슈의 시 7편을 소개한 주요한의 글(제2호, 1919년 3월 20일)이 있는 등, 하쿠슈는 한국 시단과의 인연이 적지 않다. 향후 필자의 이 글도 한국과 일본, 양국의 문학 애호가들에게 중요한 자료로 쓰이길 기대한다.

이 글에서 다루는 하쿠슈의 시는 「사종문비곡(邪宗門祕曲)」, 「실내 정원(室內庭園)」, 「입맞춤(接吻)」, 「세월은 가네(時は逝く)」, 「첫사랑(初戀)」, 「낙엽송(落葉松)」, 「눈 내리는 새벽(雪曉)」의 7편으로 그의 시적 특성을 잘 나타낸 것이라 판단하여 소개의 재료로 삼았다. 그가 가인으로서 남긴 단가(短歌)는 지면 관계상 소개에서 제외하였음을 밝힌다.

「사종문비곡」에 나타난 '기독교에 대한 환상과 상상력'

기타하라 하쿠슈의 첫 시집 『사종문』에 실린 시 「사종문비곡(邪宗門祕曲)」은 일본인에게 잘 알려진 작품으로 후에 그가 시인으로서의 명성을 얻는 데 크게 기여하였다. 시집의 주제성을 드러낸 시로, 대표작으로 거론되기도 한다. 조금은 호흡이 긴 듯하지만, 전문을 인용하여 읽어 보기로 한다.

　　나는 생각한다. 말세(末世)의 사종(邪宗) 그리스도 제우스의 마법
　　흑선(黑船)의 카피탄을, 붉은 털의 불가사의한 나라를,

색 붉은 유리구슬을, 향기 짙은 안자베이루.
남만(南蠻)의 산토메 비단을, 또한 아라키, 친타의 술을,

눈이 파란 도미니카 사람은 기도문 외며 꿈에도 말을 한다.
금지된 종문의 하느님을, 혹은 또한, 피에 젖은 십자가,
겨자씨를 사과처럼 보이게 하는 속임의 기구,
파라다이스의 하늘마저 보이도록 신축성 있는 기묘한 안경을,

집은 또한 돌로 만들고, 대리석의 흰 핏물은
유리 항아리에 담겨 밤이 되면 불을 밝힌다 한다.
그 아름다운 에레키의 꿈은 비로드의 향기에 섞여서
진기한 달 세계의 조수(鳥獸)를 비춘다고 들었다.

혹은 듣는다, 화장품의 재료는 독초의 꽃에서 짜내고
썩은 돌기름으로 그린다고 하는 마리아상이여.
또한 라틴, 포르투갈 등의 가로로 쓴 푸른 빛의 글씨는
아름답다고 할 수 있지만, 슬픈 환락의 소리로 가득찰지도.

그렇다면 우리에게 주시라. 현혹하게 하는 파도레존자(Padre 尊者),
백 년을 찰나로 줄이고, 피의 십자가 등에 지고 죽을지라도
아깝지 않다. 바라는 것은 극비(極祕), 그런 기묘한 붉은색 꿈,
예수 그리스도, 오늘을 기도하니 몸도 영혼도 그을러 타오른다.

「사종문비곡」 전문

われは思ふ、末世の邪宗、切支丹でうすの魔法。/ 黒船の加比丹を、紅毛の不可思議国を、/ 色赤きびいどろを、匂鋭きあんじやべいいる、/ 南蛮の桟留縞を、はた、阿刺吉、珍の酒を。// 目見青きドミニカびとは陀羅尼誦し夢にも語る。/ 禁制の宗門神を、あるはまた、血に染む聖磔、/ 芥子粒を林檎のごとく見すといふ欺罔の器、/ 波羅葦僧の空をも覗く伸び縮む奇なる眼鏡を。// 屋はまた石もて造り、大理石の白き血潮は、/ ぎやまんの壺に盛られて夜となれば火点るといふ。/ かの美しき越歴機の夢は天鵝絨の薫にまじり、/ 珍らなる月の世界の鳥獣映像すと聞けり。// あるは聞く、化粧の料は毒草の花よりしぼり、/ 腐れたる石の油に画くてふ麻利耶の像よ、/ はた羅甸、波爾杜瓦爾らの横つづり青なる仮名は/ 美くしき、さいへ悲しき歓楽の音にかも満つる。// いざさらばわれらに賜へ、幻惑の伴天連尊者、/ 百年を刹那に縮め、血の磔脊にし死すとも、/ 惜しからじ、願ふは極祕、かの奇しき紅の夢、/ 善主麿、今日を祈に身も霊も薫りこがるる。

「邪宗門祕曲」全文

전체 5연으로 구성된 인용 시를 몇 번이나 읽어도 해독하기가 쉽지 않을 것이다. 당연히, 번역도 어려운 작업이다. 먼저, 시어 중에서 이해하기 어려운 것부터 그 뜻을 풀어 보기로 하자.

제목인 '사종(邪宗)'은 사악한 종교라는 뜻으로 당시 금지된 종교인 기독교를 가리킨다. 1연에 나오는 "사종(邪宗) 그리스도"는 가톨릭 신자, "카피탄"은 선장, "안자베이루"는 네덜란드어로 카네이션의 일종이며, "남만(南蠻)의 산토메 비단"은 인도 동쪽 해안지방 산토메에서 온

비단을 가리키고, "아라키"는 네덜란드에서 온 증류 과실주, "친타"는 적포도주를 뜻한다. 또한, 2연의 "속임의 기구"는 현미경, "기묘한 안경"은 망원경이고, 3연의 "대리석의 흰 핏물"은 석유, "에레키"는 전기 혹은 환등기(幻燈機)다. 환등기는 환등 장치를 이용하여 그림, 필름 따위를 확대하여 스크린에 비추는 기계다. 4연의 "썩은 돌기름"은 유채화를 의미하며, 5연의 "파도레존자"는 포르투갈어로 신부(神父)란 뜻이다. 이렇게 풀어놓고 작품을 다시 읽으면 좀 더 쉽게 이해할 수 있을 것이다.

시의 의미 구조에서 보면, 첫째 연에서 4연까지는 기독교와 그 문화에 대한 경탄을 노래한 것이며, 마지막 5연은 그 귀결로써 기독교에 대한 강한 동경과 원망(願望)의 마음을 드러냈다. 물론, 그러한 동경과 원망은 신을 찾는다는 뜻으로 해석하면 안 된다. "바라는 것은 극비(極祕)"에 나타난 화자의 마음은 기독교가 갖는 신비, 그 자체에 대한 동경이다. "그런 기묘한 붉은색 꿈" 역시 기독교에 대한 환상으로 파악할 수 있다. 이 작품의 주제는 바로 여기에 드러나 있다. 작품 전체에 기독교에 대한 호기심과 환상을 표현하기 위해 서구의 여러 외국어를 많이 차용하고 있는데, 이것 역시 다분히 시인의 의도에서 비롯된 것. 그것은 곧 시인의 유미주의, 예술지상주의 지향과 이어져 있는 것으로 해석할 수 있다.

물론, 이 시가 단순히 사물의 나열에 그치지 않고, 어떤 정신적인 무게를 동반했더라면 하는 아쉬움이 남는 것도 사실. 이것은 이 시에 대한 부정적 평가로 작용할 것이다. 하지만, 상상력의 비약, 그 상상력이 향하는 대로 풍부하게 시어를 풀어내는 능력은 높이 살 만하다. 24세

청년이었던 시인 하쿠슈의 장점으로 평가할 수 있다. 이 작품이 당시의 일본 시단에 신선한 충격을 준 것은 그런 뜻을 머금고 있다.

같은 시집에 실린 「실내 정원(室內庭園)」도 당시의 하쿠슈의 상징시로서의 시적 특성을 엿볼 수 있는 작품이라 생각되어, 전체 6연으로 된 시의 1연과 2연을 인용하여 소개한다.

늦봄의 실내
저물 듯 말 듯 여전히 해는 지지 않고, 분수의 물이 방울져 떨어져……
그 아래 아마릴리스 빨갛게 어른거리고
부드럽게 향기 내뿜는 헤리오토로프.
젊은 날의 요염함, 그 아리따움에 깃들여 달아오른 마음 애틋하다.

그칠 줄 모르는 분수여……
노랗게 익은 열매와 화초, 기이한 향나무
저 하늘에는 아득한 유리창 속의 푸르름,
아쉬운 외광(外光)의 흔적, 지저귀는 휘파람새,
젊은 날의 저물녘 선율에 마음 애틋하고 (후략)

「실내 정원」 부분

晩春の室の内、暮れなやみ、暮れなやみ、噴水の水はしたたる……/ そのもとにあまりりす赤くほのめき、/ やはらかにちらぼへるヘリオトロオプ。/ わかき日のなまめきのそのほめき、静こころなし。// 尽きせざる噴水よ……/ 黄なる実の熟るる草、奇異の香木、/ その空に

はるかなり硝子の青み、/ 外光 のそのなごり、鳴ける鶯、/ わかき日の薄暮のそのしらべ、静こころなし。(後略)

「室內庭園」部分

역시 낯선 외국어가 등장하며 독자를 당황하게 한다. 1연에 나오는 "아마릴리스"는 고온다습한 조건에서 잘 생육하는 꽃이며, "헤리오토로프" 역시 페루산 식물로 여름과 가을에 피는 향기를 가진 황자색 꽃이다. 역시, 앞의 작품 「사종문비곡」과 마찬가지로 시어에 담긴 사상적인 논리는 없다. 관능의 도취가 시적인 아름다움을 나타내고 있을 뿐이다.

하쿠슈의 24세 때의 작품으로, 청춘의 늦봄에 멜랑콜리한 시인의 내면이 실내 정원에 펼쳐진 이국적인 문명의 경치를 하나하나 들어가며 쓴 것. 즉, 자기 내면의 감각적 세계를 외계의 사물에 기대어 노래한 작품으로 감상하면 좋을 듯.

이처럼 그의 첫 시집 『사종문』에 실린 「사종문비곡」과 「실내 정원」은 젊은 시인 하큐슈의 기독교에 대한 환상과 호기심에 상상력을 덧붙여 서구의 외국어로 풀어낸 작품으로, 서구 문학과 문화에 대한 동경을 드러냈다. 시인의 유미주의적, 예술지상주의적 취향의 표출이다. 그것은 작품의 근간이 정신적인 무게나 사상적 논리 대신에 상상력이 지배하는 쪽으로의 노래로 읽힌다는 뜻이다. 여기에 상징시인, 탐미파 시인 하쿠슈의 시적 특징이 있는 것이다.

「입맞춤」, 「세월은 가네」에 나타난 '회고와 성(性)에 대한 관능적인 정서'

한편, 하기하라 하쿠슈의 시는 앞에서 소개한 서구 문학과 문화에 대한 동경과 함께 향수를 표현한다. 향수는 그의 시를 이해하는 또 하나의 중요한 키워드다. 유소년기에 느꼈던 애틋한 사랑의 감정과 향수를 어떻게 작품에 담아냈을까. 「입맞춤(接吻)」, 「세월은 가네(時は逝く)」 2편을 통해 확인해 보자.

체취 그윽한 여인이 와서
달아오른 몸으로 다가앉는다
그때 옆에 핀 수레 백합꽃은
붉게 붉게 타오르고
잠자리 멈추고 바람 그치고
뒷걸음치며 두려워하니
땀이 밴 손은 다시 힘주어
한껏 보듬어 안고 입맞춤하네
괴롭구나, 슬퍼라, 그리워라,
풀잎은 시들고 귀뚜라미 한 마리
무더운 저녁놀에 튀어 오르네.

「입맞춤」 전문

臭のふかき女きて/ 身體も熱くすりよりぬ。/ そのときそばの車百合/ 赤く逆上せて、きらきらと/ 蜻蛉動かず、風吹かず。/ 後退りしつつ恐るれば/ 汗ばみし手はまた強く/ つと抱きあげて接吻ぬ。/ くるしさ、つらさ、なつかしさ、/ 草は萎れて、きりぎりす/ 暑き夕日にはねかへる。

「接吻」全文

세월은 가네, 붉은 증기선의 뱃머리 지나가듯,
곡물창고에 석양은 번뜩인다.
검은 고양이 아름다운 귀울림 소리처럼
세월은 가네, 어느덧, 부드러운 그늘 드리우며 지나가네
세월은 가네, 붉은 증기선의 뱃머리 지나가듯

「세월은 가네」 전문

時は逝く。赤き蒸気の船腹の過ぎゆくごとく、/ 穀倉の夕日のほめき、/ 黒猫の美しき耳鳴のごと、/ 時は逝く。何時しらず、柔かに陰影してぞゆく。/ 時は逝く。赤き蒸気の船腹の過ぎゆくごとく。

「時は逝く」全文

인용한 앞의 시 「입맞춤」에서 "한껏 보듬어 안고 입맞춤하네."에 눈길이 가는 것은 입맞춤에 대한 궁금증 때문일 것이다. 우리가 흔히 생각할 수 있는 이성 간의 입맞춤과는 다소 차이가 있다. "체취 그윽한 여인이 와서/ 달아오른 몸으로 다가앉"아 어린아이를 어르고 달래는

행동으로 읽힌다. 그러나 희미하게 눈뜬 유아의 성 의식에는 그것이 "괴롭구나, 슬퍼라, 그리워라,"와 같은 느낌이 자리 잡는다. 괴로움과 그리움이 혼재되어 있는 것. 늦여름 오후, 해가 질 무렵에 "풀잎은 시들고 귀뚜라미 한 마리/ 무더운 저녁놀에 튀어 오르네."와 같은 풍경 묘사도 이 어린아이의 애달픈 마음을 더 강하게 떠올리게 하는 효과를 불러일으킨다. 자연에 대한 감각과 성에 대한 자극으로 생긴 관능적인 정서, 그 복합적인 마음이 이 시에 흐르고 있다.

뒤에 인용한 「세월은 가네」는 눈에 보이지 않는 대상을 가시적인 물상에 의해서 표현한 전형적인 작품의 사례다. 이미 지나가 버린 시간의 경과를, "검은 고양이 아름다운 귀울림 소리처럼", "붉은 증기선의 뱃머리 지나가듯"과 같이 비유하고 있다. 비유적 표현이 돋보인다. 시각과 청각에 의한 인상적이고 섬세한 비유. 이는 하쿠슈만의 시적 능력을 말해 주는 것으로, 역시 작품의 근간에는 회고적 정서가 자리 잡고 있다. 참고로 이 시는 일본인 평자들로부터 하쿠슈의 천재적인 감각과 비유가 돋보인다는 평가를 받고 있다.

『추억』이라는 시집에 실린 시들은 제목이 암시하고 있듯이, 대체로 소년기의 회상을 모티프로 한 것들이다. 『사종문』 발간 2년 뒤인 1911년(메이지 44년)에 발간된 것이지만, 시작 시기는 『사종문』 이전이다. 낭만적인 기분으로 소년기의 두려움과 은연중에 성에 눈뜨는 마음을 회고적으로 묘사한 작품들이 주류를 이루고 있는데, 「입맞춤」과 「세월은 가네」도 그러한 성격에 부합한다. 일본 문학사는 시집 『추억』 역시 『사종문』과 함께 메이지 이후의 일본 시단에서 하쿠슈에게 제일인자로서의 지위를 부여한 중요한 시집으로 평가하고 있다.

같은 시집에 실린 「첫사랑(初戀)」이란 시도 당시의 하쿠슈의 정서를 공유할 수 있는 작품이라 생각되어 그 전문을 소개한다. 평석은 생략한다.

> 희미한 불빛 속에 반짝이며
> 춤추는 그 아이는 외톨이.
> 희미한 불빛 속에 눈물지으며
> 사라져 간 그 아이도 외톨이.
> 희미한 불빛 속에, 그 추억 속에,
> 춤추는 그 사람도, 외톨이
>
> 「첫사랑」 전문

> 薄らあかりにあかあかと/ 踊るその子はただひとり。/ 薄らあかりに涙して/ 消ゆるその子もただひとり。/ 薄らあかりに、おもひでに、/ 踊るそのひと、そのひとり。
>
> 「初戀」全文

「낙엽송」에 담긴 '나그네로서의 애잔함'과 '시적 리듬감'

기타하라 하쿠슈의 대표작의 하나이며, 또한 일본인에게 잘 알려진 「낙엽송(落葉松)」도 한국인이 꼭 읽어 보아야 할 작품이다. 인용하여 소개한다.

1
낙엽송 숲을 지나,
낙엽송을 진지하게 바라본다.
낙엽송은 쓸쓸하다.
나그넷길은 쓸쓸하다.

2
낙엽송 숲을 나와,
낙엽송 숲에 들어간다.
낙엽송 숲에 들어가서
다시 좁은 길은 이어진다.

3
낙엽송 숲 깊숙한 곳에도,
내가 지나갈 길은 있다.
안개처럼 가는 비 내리는 길이다.
산바람 산들대는 길이다

4
낙엽송 숲길은
나뿐만 아니라, 다른 사람도 지나간다.
연약하게 지나가는 길이다.
쓸쓸하게 서두르는 길이다.

5

낙엽송 숲을 지나,
까닭 모르게 발걸음을 늦춘다.
낙엽송은 쓸쓸하다.
낙엽송과 속삭인다.

6

낙엽송 숲을 나와
아사마산(淺間嶺)에 연기 오름을 본다.
아사마산에 연기 오름을 본다.
낙엽송 또 그 위에

7

낙엽송 숲에 내리는 비는
쓸쓸하면서도 고요하다
뻐꾸기 울 뿐이다.
낙엽송이 젖어 있을 뿐이다.

8

이 세상이여, 가련하구나.
덧없지만 기쁘기도 하다.
산천에 강물 소리,
낙엽송에 낙엽송 바람.

「낙엽송」 전문

一

　からまつの林を過ぎて、/ からまつをしみじみと見き。/ からまつはさびしかりけり。/ たびゆくはさびしかりけり。

二

　からまつの林を出でて、/ からまつの林に入りぬ。/ からまつの林に入りて、/また細く道はつづけり。

三

　からまつの林の奥も/ わが通る道はありけり。/ 霧雨のかかる道なり。/ 山風のかよふ道なり。

四

　からまつの林の道は/ われのみか、ひともかよひぬ。/ ほそぼそと通ふ道なり。/ さびさびといそぐ道なり。

五

　からまつの林を過ぎて、/ ゆゑしらず歩みひそめつ。/ からまつはさびしかりけり、/ からまつとささやきにけり。

六

　からまつの林を出でて、/ 浅間嶺にけぶり立つ見つ。/ 浅間嶺にけぶり立つ見つ。/ からまつのまたそのうへに。

七

からまつの林の雨は、/ さびしけどいよよしづけし。/ かんこ鳥鳴けるのみなる。/ からまつの濡るるのみなる。

八

世の中よ、あはれなりけり。/ 常なけどうれしかりけり。/ 山川に山がはの音、/ からまつにからまつのかぜ。

「落葉松」全文

전체 8개의 장으로 이루어진 시를 곱씹어 읽다 보면, 마치 한 폭의 산수화를 감상하는 듯한 기분에 젖어들 것이다. 낙엽송 숲에서 느끼는 놀라운 감정과 그러한 자연에 의지하는 나그네의 애잔함이 미묘하게 조합해 있다. 영탄의 호흡이 읽히기도 하고, 동시에 거기에 조응(照應)하는 언어의 리듬감이 돋보이기도 한다.

이 시에서 느끼는 언어의 리듬감이란 무엇일까. 한국어 번역으로 된 것이어서 그 느낌을 살리기가 쉽지 않지만, 일본어로 된 시의 원문을 보면, 일본 시가에 쓰인 전통적인 글자 수인 다섯 글자, 일곱 글자가 다용되며 음악적 선율을 빚어 내고 있음을 알 수 있다. 5, 7조 또는 7, 5조가 이 작품의 주된 글자 수를 이루고 있다는 뜻이다. 그것은 곧 그가 이국적인 취향의 작품을 썼지만, 기본적으로는 일본의 전통시가와의 단절을 시도한 것이 아니라는 사실. 이 또한 그의 작품을 빛내고 있는 중요한 매력의 하나다.

작품 속으로 좀 더 깊숙하게 들어가 보자. 시는 낙엽송 그 자체에 대한 새로운 의식에서 출발해서, 그 경이로움이 점차 화자의 내면으로 번지는 양상을 띤다. 시인의 인생관이 읽히는 쪽으로 옮겨 간다는 의미다. 물론, 8개의 장으로 구성된 각 장을 독립해서 한 장씩 끄집어내어 읽어도 좋다.

작품의 주제는 "낙엽송은 쓸쓸하다./ 나그넷길은 쓸쓸하다."고 노래한 1장에서 읽힌다. 2장에서 7장까지는 화자의 발걸음에 따라서 바뀌는 풍경 서술이다. 낙엽송 숲 사이를 거쳐 한없이 이어지는 좁은 길과 가는 비, 낙엽송에 찾아오는 바람, 그리고 비와 바람이 빚어 내는 쓸쓸함. 숲이 끊어져서 마주하게 되는 아사마산(淺間嶽). 거기에 더하여 뻐꾸기 소리가 더해지는 풍경. 이러한 풍경 서술이 1장의 주제를 떠받치는 모양새를 취한다. 그리고, 마지막 8장 "이 세상이여, 가련하구나./ 덧없지만 기쁘기도 하다."에서 인생의 감회를 풀어내며 전체를 마무리하고 있다.

하쿠슈가 이 작품에 주(註)를 붙여 말한 다음의 문장을 보면 감상에 도움이 될 듯. "낙엽송의 그 희미한, 그 풍모의 미세하고 쓸쓸하고 가련한, 그것을 그저 마음에서 마음으로 전해야 한다. 또한 알지 못한다. 그 풍모는 그 속삭임은, 역시 내 마음의 속삭임이라는 것을. 독자여, 이러한 것들은 소리를 내서 노래해야 할 것이 아니다. 단지 운치를 운치로 해야 할 것이며, 향기를 향기로 해야 할 것이다."(『日本の詩歌 9 北原白秋』(1968), 中央公論社, p.210)

이 시는 그의 나이 36세 때인 1921년 작으로 시 잡지 《명성(明星)》에 발표하였다가, 후에 시집 『수묵집』에 수록하였다. 일반적으로 그를 가리켜 메이지(明治, 1868-1912), 다이쇼(大正, 1912-1926), 쇼와(昭和, 1926-1989)에 걸쳐 활동한 시인이라는 평가를 하는데, 이 작품은 다이쇼 시대에 해당한다.

이 시가 실린 『수묵집』이 간행될 무렵, 하쿠슈는 처음으로 가정적인 안정을 취했다. 그리고 당시 그가 살던 오다하라(小田原)의 산장에서의 청아한 아침저녁 동안의 그 시경(詩境)은 마침내 그를 하이쿠 시인 바쇼(芭蕉, 1644-1694), 에도 시대 후기의 가인인 료칸(良寬, 1758-1831) 등의 전통적 한적함의 경지에 이르게 했다. 그런 작품들이 이 시집에 실린 것이며 「낙엽송」도 그 하나다.

시집에 실린 또 하나의 작품 「눈 내리는 새벽(雪曉)」도 「낙엽송」과 비슷한 느낌으로 읽힌다.

> 이 털실로 짠 윗옷의 새빨간색,
> 머리털이 까만, 눈(目)이 큰 아이여,
> 이것이 내 아이였을까,
> 눈(雪)이 깊은 비파나무 뿌리를
> 언젠가 손을 잡고서 끈 적이 있었다.
> 모든 것은 전생의 새벽 같고,
> 아아, 지금, 이 세상에서 또 안았다.
> 그 눈이 내리고 있다,
> 아아, 오늘 아침도 그 눈이 내리고 있다.
>
> **「눈 내리는 새벽」 전문**

この毛糸の上着の真赤さ、/ 髪毛の黒い、眼の大きい童子よ、/ これがわたしの子であつたか/ 雪のふかい枇杷の木の根を/ いつだか手を引いたことがあつたよ。/ すべては前の世の夜明けのやうで、/ ああ、今、この世でまた抱いたよ。/ その雪がふつてゐる、/ ああ　今朝もその雪がふつてゐる

「雪曉」全文

시에서 읽히는 것은 눈 내리는 새벽의 조용한 아침 햇살 속에서 아이를 안는, 멍해지는 듯한 도취다. 하쿠슈에게 전생과 현세와의 경계를 잃어버리게 하는 장면으로 연상된다. 시인의 삶의 한 장면이 보인다. 연보에 따르면, 그의 장남은 1922년 3월에 태어났는데, 이 눈 내리는 아침에 껴안아 보는 아이는 겨우 한 살이 될 때였다. 그런 것을 생각하면서 이 작품을 읽으면 좋을 듯.

이처럼 「낙엽송」과 「눈 내리는 새벽」에서는 앞에서 인용한 「사종문 비곡」이나 「실내 정원」에서 읽었던 작품과는 또 다른 시적 특성이 느껴진다. 그것은 자신의 삶을 되돌아보는 나그네로서의 애잔함과 삶을 응시하는 하쿠슈의 진지한 성찰이다.

마무리
글

이 글에서 다룬 기타하라 하쿠슈의 시는 7편이었다. 시집 『사종문』

에 실린 「사종문비곡」과 「실내 정원」은 그의 기독교에 대한 환상과 상상력을 풀어낸 상징시와 탐미파로서의 성격을 드러낸 작품으로, 서구 문학과 문화에 대한 동경을 읽을 수 있었다. 『추억』에 수록된 「입맞춤」과 「세월은 가네」의 2편을 통해 그의 소년기의 두려움과 성에 눈뜨는 마음을 살필 수 있었으며, 『수묵집』의 「낙엽송」은 하쿠슈의 나그네로서의 애잔함과 함께 삶을 되돌아보는 성찰을 보여 준 시였다. 동시에 리듬감이 시적 우수성에 기여하고 있는 것도 확인하였다.

그를 표현하는 상징시인, 탐미파 시인, 이국정서와 추억, 탁월한 언어의 마술사와 같은 핵심어를 중심으로 하쿠슈의 작품들을 접하면서 서구 문물이 수입되던 혼란의 시기에 왜 그가 메이지 시대 이후의 일본 시단에서 일본인에게 국민 시인으로서의 입지를 다져가는지를 느낄 수 있었다. 부디 이 글이 한국인에게는 좀 낯선 이름의 시인 기타하라 하쿠슈를 알게 하는 계기로 작용하길 기대한다.

다카무라 고타로

高村光太郎

이상주의적 시 세계와
독특한 개성

다카무라 고타로의 시

다카무라 고타로(高村光太郎), 그는 누구인가

문학사적 평가

한국인에게는 생소한 이름이지만, 다카무라 고타로(高村光太郎, 1883-1956, 이하 '고타로'라고 함)는 일본 근대 시단에서 그 명성이 매우 높은 시인이다. 그를 국민 시인의 반열에까지 올려놓는 평가가 있는 것도 사실이다.

필자는 우선, 그가 시인이며 조각가로 활동한 특이한 이력에 주목한다. 메이지, 다이쇼, 쇼와에 걸친 일본 근대사의 격변기에 시 726편을 포함한 7권의 시집과, 단가(短歌), 하이쿠(俳句), 번역, 평론 등, 문학 전반에 걸쳐 수많은 작품을 남겼다. 조각가로서도 조각 140점, 회화 188점을 완성하였다. 이러한 사실은 고타로가 일본 근대 시사에서 극히 이례적인 예술인으로 평가받는 중요한 요인으로 작용한다.

일본 문학사는 시인으로서의 고타로를 어떻게 기록하고 있을까. 크게 보면, '이상주의 경향의 시작(詩作)', '인도주의적 정열을 강하게 노래함,' '알기 쉽고 명료한 구어 자유시의 추진에 힘을 쏟은 시인' 등으로 요약된다. 더하여, 그의 부인 나가누마 치에코(長沼智惠子, 1886-1938)와의 연애와 결혼 생활을 시나 글로 발표했다는 사실도 고타로의 이미지에 크게 기여한다. 40여 년간에 걸친 사랑의 노래를 치에코 사후 『치에코초(智惠子抄)』(1941)라는 시집으로 출간하여, 지금까지도 독자로부터 많은 사랑을 받고 있기 때문이다.

이 글도 이러한 그의 시적 특성을 반영하여, 고타로의 대표작을 중심으로 살펴볼 것이다. 그의 대표 시집으로 평가받는『도정(道程)』(1914)과『치에코초』(1941), 그리고『금수편(禽獸篇)』(1962)에 수록된 시 5편「가을의 기도(秋の祈)」,「길(道程)」,「물떼새와 노는 치에코((千鳥と遊ぶ智惠子)」,「레몬 애가(レモン哀歌)」,「조슈유비소 풍경(上州湯檜曾風景)」을 번역하여 소개한다. 특히,『금수편』에 실린「조슈유비소 풍경」은 당시 일제에 동원된 한국인 노동자가 등장하는 작품으로, 한국인에게 꼭 소개해야겠다는 필자의 의지를 반영하는 것이다.

문학적 업적과 생애

먼저, 다카무라 고타로의 작품을 해명하는 데 도움이 될 듯하여 그 연보를 들여다보기로 한다.

고타로는 1883년 도쿄 시타야(下谷) 태생. 메이지 시대 조각계의 거

장이었던 아버지 고운(光雲)의 영향을 받아, 도쿄미술학교 조각과를 졸업하였다. 졸업 후에는 문예지 《명성(明星)》에 단가(短歌)를 발표하였다. 1906년에서 1909년까지 미국 뉴욕과 영국 런던, 프랑스 파리에서 유학하며, 예술혼에 눈을 뜨고 서구 문명과 그 속에서 형성된 근대적 자아를 체득하게 된다. 조각 공부가 주목적이었지만, 시 공부에 더 열중하였다고 전해진다. 귀국 후, 《팬의 모임(パンの会)》, 《백화(白樺)》 등을 통해 왕성한 시작 활동을 했다.

시집 『도정』을 간행한 1914년에, 후에 서양화가로 활동했던 나가누마 치에코와 결혼했다. 두 번째 시집 『치에코초』는 연애와 결혼에서 아내의 발병과 죽음에 이르기까지의 사랑을 노래한 작품을 엮은 것. 치에코 사후, 태평양 전쟁 중에는 일본 정부의 정책에 찬동하는 전쟁 협력 시를 써서 오점을 남기기도 했다. 1945년 9월 공습으로 도쿄에 있던 아틀리에가 불에 타 이와테현(岩手県)으로 피난해 살기도 했다. 『도정』(1914), 『치에코초』(1941), 『기록(記錄)』(1944), 『전형(典型)』(1950) 등, 7권의 시집과 번역서 『로댕의 언어(ロダンの言葉)』(1916), 번역시집 『천상의 불꽃(天上の炎)』(1925), 미술평론 『미에 대해서(美について)』(1941) 등을 남겼다. 제1회 제국예술원상(帝国芸術院賞, 1942)과 요미우리문학상(讀賣文學賞, 1950)을 수상하였다. 1956년 폐결핵으로 사망했다.

'조선인 노동자의 죽음'을 노래한 「조슈유비소 풍경」 읽기

다카무라 고타로의 수많은 작품에서 특히 한국인이 관심을 갖고 읽어야 할 것은 「조슈유비소 풍경(上州湯檜曾風景)」이다. 여기에는 일제강점기에 터널을 뚫는 난공사에 동원된 조선인 노동자들의 죽음과 관련된 서술이 비극적으로 그려져 있기 때문이다. 1929년 작이다. 전문을 읽어 보자.

> 봉우리에서 봉우리로 지휘봉이 울려
> 커다란 굴속의 노무자 합숙소는 벌써 텅 비었다.
> 산과 산이 다가오면 골짜기가 된다.
> 골짜기의 막다른 곳은 언제라도 방대한 분수령(分水嶺)의 용적(容積)이다.
> 터널은 아직 뚫리지 않았다.
> 2천 명의 조선인은 어디에 있는가.
> 도아이(土谷), 유비소(湯檜曾)의 어묵 같은 오두막집에 비가 내린다.
> 각막염에 걸린 여인숙집 딸은 곧잘 웃는다.
> 뜨거운 김에 감겨 서 있는 내 맨몸의
> 강바람 선선한 오른쪽 반신(半身)에 휘파람새, 왼쪽에 리벳(rivet).
> 경편열차(輕便列車), 철골, 시멘트, 중국식 밥.
> 삼각산에 붉은 깃발
> ---발파 소리가 울린다. 말(馬)아 멈춰라---
> 또다시 팔려 온 한 무리의 인부.

후박나무로 만든 내 나막신이 세로로 갈라지고,
2천 구의 시체 위에 백 리 산길이 시퍼렇다.

「조슈유비소 풍경」 전문

峯から峯へボウが響いて/ 大穴の飯場はもう空だ/ 山と山とが迫れば谷になる。/ 谷のつきあたえいはいつでも厖大な分水嶺の容積だ。/ トンネルはまだ開かない。/ 二千人の朝鮮人は何處にゐる。/ 土谷、湯檜曾のかまぼこ小屋に雨が降る。/ 角膜炎の宿屋の娘は良く笑ふ。/ 湯けむりに巻かれて立つおれの裸の/ 川風涼しい右半身に鶯、左にリベット。/ 輕便鐵道、鐵骨、セメント、支那めし。/ 三角山に赤い旗。/ ーーハッパが鳴るぞ、馬あ止めろよーーー/ 又買ひ出されて来た一團の人夫。/ おれの朴歯が縱に割れて、/ 二千の軀の土に十里の山道がまっ青だ。

「上州湯檜曾風景」全文

시는 죠슈유비소(上州湯檜曾)를 둘러싼 풍경 묘사가 주를 이룬다. "방대한 분수령(分水嶺)의 용적(容積)", "어묵 같은 오두막집", "경편열차(輕便列車), 철골, 시멘트, 중국식 밥.", "삼각산에 붉은 깃발" 등이 격앙된 감정 표현 없이 비교적 담담하게 서술되고 있다. '분수령(分水嶺)'은 분수계가 되는 산마루나 산맥이라는 뜻이고, '용적(容積)'은 물건을 담을 수 있는 부피. 혹은 용기 안을 채우는 분량을 의미하는 말이다. 골짜기의 막다른 곳을 방대한 산마루에 펼쳐진 부피나 분량으로 묘사하고 있다. 경편열차(輕便列車)는 궤도 폭이 좁은 기차다. 전차가 도입되기 전에 운행되었던 열차를 말한다. 가솔린이 연료였기에, 시의 일본어 원문 '輕

便列車'에는 '가솔린'이라는 가타카나가 붙어 있다.

그러나 시를 몇 번이나 읽다 보면 무척이나 슬퍼지는 감정을 억누를 수 없다. 그 슬픔의 진원지는 "2천 명의 조선인은 어디에 있는가."(6행), "2천 구의 시체 위에 백 리 산길이 시퍼렇다."(16행)이다. 그 고통과 비극이 절정에 달한다. 물론, 시에 서술된 2천 구의 시체가 모두 조선인이었는지 명확하지는 않다. 하지만 수많은 시체 때문에 고타로는 "후박나무로 만든 내 나막신이 세로로 갈라"(15행)질 만큼 더는 걸음을 내딛지 못하는 상황이었다. 그래서 "백 리 산길이 시퍼렇다."(16행)는 표현도 가능했을 것이다. 일제의 잔악상에 대한 고발이다. 그 서슬 퍼런 현장을 떠올리면, 한국인 입장에서는 극단의 슬픔과 분노가 동시에 밀려온다. 여전히 "터널은 아직 뚫리지 않"(5행)았기에, "또다시 팔려 온 한 무리의 인부."(14행)는 죽음의 그림자를 짙게 품고 있는지도 모른다. "커다란 굴속의 노무자 합숙소는 벌써 텅 비었다."(2행)는 모든 노동자가 공사에 동원되었다는 것을 암시한다. 마지막 15행, 16행, "후박나무로 만든 내 나막신이 세로로 갈라지고,/ 2천 구의 시체 위에 백 리 산길이 시퍼렇다."는 고타로가 한국인 노동자의 죽음에 대한 안타까운 심정을 있는 그대로 묘사한 대목이다.

시집 『금수편(禽獸篇)』(1962)에 실려 있는 이 시의 제목은 「조슈유비소풍경(上州湯檜曾風景)」. 죠슈(上州)는 지금의 군마현(群馬縣) 도네군(利根郡)을 가리키는 지명이고, 유비소(湯檜曾)는 그곳에 있는 온천이 있는 숙소다. 지금도 존재한다. 고타로가 그곳을 방문하고 그 풍경을 묘사한 작품이라는 점에서 기행 시의 성격을 갖는다. 고타로의 시에서 한국인을 묘사한 유일한 작품으로 보인다.

「가을의 기도」와 「길」에 나타난 '자연 순종의 정신'

다카무라 고타로 시를 표현하는 키워드의 하나는 '자연 순종의 정신'이다. 그런 색채가 완연한 「가을의 기도(秋の祈)」는 다음과 같은 작품이다.

    가을은 낭랑하게 하늘에 울린다
    하늘은 물빛, 새가 날고
    영혼은 소리 높여 울고
    청정한 물 마음으로 흐르고
    마음이 눈을 떠
    아이가 된다

    바쁘고 복잡한 과거는 눈앞에 가로놓이고
    혈맥(血脈)을 내게 보낸다
    가을 햇볕을 쬐며 나는 조용히 온갖 것을 본다
    땅속의 움직임을 스스로 축복하며
    내 일생의 도정(道程)을 가슴 벅차게 바라보며
    분연히 기도한다
    기도할 말을 모르는 채
    눈물이 나고
    빛을 맞으며

나뭇잎이 흩어지는 것을 보고

짐승이 희희낙락하는 것을 보고

나는(飛) 구름과 바람 부는 뜰 앞의 풀을 보고

이와 같은 인과력력(因果歷歷)의 율법을 보고

마음은 강한 은애(恩愛)를 느끼며

또한 멈추기 어려운 책임을 생각하며

견디기 어렵게

기쁨과 쓸쓸함과 두려움에 무릎을 꿇는다

기도할 말을 모르는 채

단지 나는 하늘을 우러러 기도한다

하늘은 물빛

가을은 낭랑하게 하늘에 울린다

「가을의 기도」 전문

秋は嘵嘵と空に鳴り/ 空は水色、鳥が飛び/ 魂いななき/ 清浄の水こころに流れ/ こころ眼をあけ/ 童子となる// 多端粉雑の過去は眼の前に横はり/ 血脈をわれに送る/ 秋の日を浴びてわれは静かにありとある此を見る/ 地中の営みをみづから祝福し/ わが一生の道程を胸せまって思ひながめ/ 奮然としていのる/ いのる言葉を知らず/ 涙いでて/ 光うたれ/ 木の葉の散りしくを見/ 獣喜喜としてとして奔るを見/ 飛ぶ雲と風に吹かれる庭前の草とを見/ かくの如き因果歷歷の律を見て/ こころは強い思愛を感じ/ 又止みがたい責を思ひ/ 堪へがたく/ よろこびとさびしさとおそろしさとに跪く/ いのる言葉をしらず/ ただわれは空を仰いでいのる/ 空は水色/ 秋は嘵嘵と空に鳴る

「秋の祈」全文

시는 전체가 27행. 시집 『도정』(1914)에 실려 있다. 6행으로 이루어진 1연과, 21행으로 된 2연, 이렇게 두 개의 연으로 구성되어 있다. 이 작품을 두고 일본의 평자들은 '고타로의 대표작의 하나'라고까지 언급한다. 왜 그럴까. 시의 의미 구조를 들여다보자.

이 작품은 가을의 노래다. 가을날의 맑고 깨끗한 계절감에 몸과 마음을 씻는 화자에게 인생의 사념(思念)이 촉발되는 형태를 띠고 있다.

먼저, 시의 독해를 위해 조금 난해하게 읽히는 시어부터 풀어 보자. 1연의 첫째 행과 2연의 마지막 행에 나오는 "낭랑하게"의 일본어 원문은 '량량(喨喨)'이다. '량량'은 '소리가 밝고 맑게 울려 퍼지는 모양'을 나타내는 말이다. 필자는 한국어로 "낭랑하게"라고 옮겼다. 한국어에는 '량량'이 쓰이지 않는다. 우리말에 형용사로 쓰이는 '소리가 맑고 또랑또랑하다'는 의미의 '낭랑(朗朗)하게'와는 그 쓰임새가 조금은 다르다. '량량'이 음악적 요소를 품고 있다고 생각해서, 가장 비슷한 말로 번역하고자 차용했음을 밝힌다. 그리고 2연 13행의, "인과력력(因果歷歷)의 율법"은 '매우 확실한 우주의 필연의 이법(理法)'이라는 뜻이다. 이 법은 원리와 법칙을 아울러 이르는 말. 즉, 고타로는 자신에게 펼쳐지는 경관을 모두 원인과 결과가 명확하게 대응하는 법칙에 근거하여 영원한 생명으로 빛나는 것으로 받아들이고 있다.

1연을 들여다보면, 화자는 하늘에 낭랑하게 울리는 음악을 들으며, 하늘을 흘러가는 물에 눈동자를 크게 뜬 존재로 그려진다. 그것은 혼(魂)의 자각이다. 동시에 생의 기쁨을 향한 개안(開眼)이다. 그래서 "청정한 물 마음으로 흐르고/ 마음이 눈을"(4행, 5행) 뜨는 표현에 이른다. "아이가 된다"는 아이처럼 때 묻지 않은 심정으로 돌아간 것을 의미한다.

2연은 때 묻지 않은 아이의 마음으로, "바쁘고 복잡한 과거"(1행)를 되돌아보고, "내 일생의 도정(道程)을 가슴 벅차게 바라보"(5행)고, 그리고, "나뭇잎이 흩어지는 것"(10행), "짐승이 희희낙락하는 것"(11행), "구름과 바람 부는 뜰 앞의 풀"(12행), "인과력력(因果歷歷)의 율법"(13행)을 보고 있다. 시의 전개에서 보면, 처음의 한 단어가 다음의 한 단어를 부르고, 처음의 한 구(句)가 다음의 한 구를 부르는 형태를 취하고 있는데, 작품에 활용되는 시어들은 대체적으로 생동감을 띠고 있다. 그런 호흡이 읽는 이에게 울림으로 전해진다. 상쾌한 리듬으로 다가온다. 물론, 시적 깊이가 묵직한 것은 그러한 요소들과 인생의 사념이 결합해 있기 때문이다. 자신의 목숨도 인과력력 밖에 존재하는 것이 아니라고 느끼면서, 화자의 마음은 자연에 강한 "은애(恩愛)를 느끼며/ 또한 멈추기 어려운 책임을 생각"(13행, 14행)하기에 이른다, 마지막 네 개의 행, "기도할 말을 모르는 채/ 단지 나는 하늘을 우러러 기도한다/ 하늘은 물빛/ 가을은 낭랑하게 하늘에 울린다"는 비로소 맑은 심상에 닿게 되는 의미를 머금고 있다. 시의 마무리가 아름답게 읽힌다.

이처럼 「가을의 기도」는 고타로의 자연주의자로서의 면모가 유감없이 발휘된 작품이다. 그의 시적 영혼과 시 정신이 드러나 있어 인상적이다. 고타로만의 개성이 돋보인다고 해서 평자들은 이 시를 수작으로 꼽는 데 주저하지 않는다.

이 작품의 시작 배경을 둘러싼 언급이 있어 잠깐 소개한다. 시를 이해하는 데 도움이 될 것이다. 이 시를 쓰기 전에 고타로는 유럽과 미국에서 유학 생활을 마치고 돌아와 근대의 정염(情炎)에 몸을 맡기고 반항과 퇴폐와 초조의 생각에 빠져 있었지만, 후에 그의 부인이 된 치에코를 만나며 경험하는 연애 감정은 그를 이상주의로 노선을 바꾸게 했다. 거기에 다이쇼 시대 초기의 휴머니즘 운동과 톨스토이(1828-1910)와 도스토예프스키(1821-1881) 등의 문학이 인기를 얻는 시대사조(時代思潮)의 영향도 있었던 것. 그러한 요소들을 고려하여 「가을의 기도」를 읽으면 더 좋은 독해로 이어지리라 믿는다.

한편, 일본인에게 고타로 하면 생각나는 시가 무엇이냐고 물으면, 「길(道程)」이라고 대답하는 사람이 많을 것이다.

　　내 앞에 길은 없다
　　내 뒤에 길은 생긴다
　　아아, 자연이여
　　아버지여
　　나를 홀로 설 수 있게 한 광대한 아버지여
　　내게서 눈을 떼지 말고 지켜 주세요
　　늘 아버지의 기백을 내게 채워 주세요
　　이 먼 길을 위해
　　이 먼 길을 위해

「길」 전문

　　僕の前に道はない/ 僕の後ろに道は出来る/ ああ、自然よ/ 父よ/ 僕を一人立ちにさせた広大な父よ/ 僕から目を離さないで守る事をせよ/ 常に父の気魄を僕に充たせよ/ この遠い道程のため/ この遠い道程のため

「道程」全文

「길」의 일본어 원문은 '도정(道程)'이다. '도정'은 '길을 묻고 물어 어느 지점에 겨우 다다르다'는 뜻으로, 이 작품에서는 '인생의 길'로 해석할 수 있다. 필자가 한국어로 번역할 때 '길'이라고 번역한 것은 그런 사고를 반영한다. 또한, 한국어로 '도정'이란 말이 다소 생소하다는 점도 감안하였다. '도정'이 이 시집의 제목이니까, 이 시편은 표제작이 되는 셈. 앞에서 소개한 「가을의 기도」에서 나온 시어 "도정"(2연 5행)도 같은 의미로 볼 수 있다.

좀 더 깊이 시의 속살을 들여다보자. 전체 9행으로 이루어진 시의 첫째 행과 둘째 행에 나오는 "내 앞에 길은 없다/ 내 뒤에 길은 생긴다"에는 화자 자신이 완전히 새로운 인생의 개척자라는 확고한 자신감이 넘친다. 의욕에 불타고 있다는 느낌을 주기에 충분하다. 앞의 「가을의 기도」에서 언급한 것처럼, 유럽과 미국에서 유학 생활을 마치고 돌아온 고타로는 자기의 내면에 침잠(沈潛)하며, 구도적인 인생 태도를 강화하고 있었다. 그런 의미에서 이 작품은 고타로 시의 본질적인 성격을 상징적으로 드러낸 것으로 평가해도 무방하다. 이 두 행은 일본인에게 비교적 친숙한 시 구절로 아직도 회자된다.

3행에서 5행까지의, "아아, 자연이여/ 아버지여/ 나를 홀로 설 수 있게 한 광대한 아버지여"는 화자가 자연에 순종하는 마음을 단적으로 보여 주는 표현으로 읽힌다. '자연'과 '아버지'가 고타로 자신의 '생과 자연의 일체화'로 그려진다는 뜻이다. "내게서 눈을 떼지 말고 지켜 주세요/ 늘 아버지의 기백을 내게 채워 주세요"(6행, 7행)는 기도의 문장으로 읽히지만, 자연에 몸을 맡기고 자연의 기백을 자신의 것으로 삼아, 내면의 고독에 투철하며 살겠다는 각오로 받아들여진다. 마지막 두 행인 "이 먼 길을 위해"(8행, 9행)의 반복은 멀고 힘하게 느껴지는 자신의 미래에 대한 응시이며 동시에 극복의 의지로 파악할 수 있다.

참고로, 시집 『도정』은 일본 문학사에서 알기 쉽고 명료한 '구어체 자유시'의 보급에 기여했다는 평가를 받는다는 사실도 덧붙인다. 그것은 그때까지 일본 시단에 쓰였던 '문어시(文語詩)'로부터의 탈피를 의미한다. 일본에서는 문어체로 쓰인 시를 문어시라고 하는데, 문어체는 구어체와는 대립되는 개념으로 평소 사용하는 말이 아닌 고전적인 말을 사용하는 것이다. 그런 말로 지은 시를 문어시라고 지칭한다. 고타로에 의해 추진된 구어체 자유시 운동은 제1차 세계대전 후의 데모크라시 사조를 배경으로 시라토리 쇼고(白鳥省五, 1890-1973), 모모타 소지(百田宗治, 1893-1955) 등의 이른바, 민중파 시인들에게로 이어진다는 점에서 문학사적 의의를 가진다.

이처럼 이 시는 자연을 믿고 자연에 속하여 나아가는 고타로 자신의 결의를 노래한 것으로, 자연의 가호를 기원하는 성격도 가진다.

「가을의 기도」와 「길」 2편을 살펴본 것처럼, 이들에서 공통으로 감지되는 것은 자연에 속하며 살아가는 고타로의 인생 태도다. 과거의 전통과 인습에 얽매이지 않고 독창적으로 살아가고자 하는 예술에 대한 진지한 태도다. 그것은 곧 시인 자신만의 시적 개성으로, '자연 순종의 자세', '이상주의로 향하는 시적 태도'와 이어진다. 이 2편이 실린 시집 『도정』에 대해 '고타로의 인생을 대하는 자세가 확립되었다'는 평자들의 평가도 그러한 요소를 반영하는 것이다.

「물떼새와 노는 치에코」와 「레몬 애가」에 담긴 '사랑의 노래'

다카무라 고타로의 삶과 작품을 얘기하면서 그의 부인 치에코를 말하지 않을 수 없다. 연애와 결혼 생활 40여 년에 걸친 절절했던 사랑의 노래는 치에코가 죽은 후 『치에코초』(1941)라는 연애 시집으로 출간되어, 지금까지도 일본인들에게 많은 사랑을 받고 있다. 사랑하는 사람을 노래하며 한 권의 시집으로 엮고, 그것을 죽은 사람에게 바친 사례는 일본 근대 시사를 통해 『치에코초』뿐이라는 평가가 새삼 가슴 뭉클하게 다가온다. 시집 속의 2편 「물떼새와 노는 치에코(千鳥と遊ぶ智惠子)」와 「레몬 애가(レモン哀歌)」를 읽으며, 시에 녹아 있는 고타로의 마음을 읽어 보자.

> 아무도 없는 구주쿠리(九十九里) 모래밭
> 모래에 앉아 치에코는 논다.
> 무수한 친구들이 치에코 이름을 부른다.
> 치이, 치이, 치이, 치이, 치이---
> 모래에 작은 발자국을 찍으며
> 물떼새가 치에코에게 다가온다.
> 입속에서 줄곧 무언가를 중얼거리고 있는 치에코가
> 두 팔을 들어 새를 부른다.
> 치이, 치이, 치이---
> 양손에 있던 조개를 물떼새가 달라고 조른다

치에코는 그것을 여기저기 뿌리고 던진다
무리 지어 오는 물떼새가 치에코를 부른다.
치이, 치이, 치이, 치이, 치이---
이 세상살이 깨끗이 그만두고,
이제 자연의 저편으로 떠나버린 치에코
뒷모습이 외따로 보인다.
석양빛이 한참이나 떨어진 방풍림까지 파고들고
나는 송홧가루를 뒤집어쓰며 언제까지나 내내 서 있다.

「물떼새와 노는 치에코」 전문

人つ子ひとり居ない九十九里の砂浜の/ 砂にすわつて智恵子は遊ぶ。/ 無数の友だちが智恵子の名をよぶ。/ ちい、ちい、ちい、ちい、ちい——/ 砂に小さな趾あとをつけて/ 千鳥が智恵子に寄つて来る。/ 口の中でいつでも何か言つてる智恵子が/ 両手をあげてよびかへす。/ ちい、ちい、ちい——/ 両手の貝を千鳥がねだる。/ 智恵子はそれをぱらぱら投げる。/ 群れ立つ千鳥が智恵子をよぶ。/ ちい、ちい、ちい、ちい、ちい——/ 人間商売さらりとやめて、/ もう天然の向うへ行つてしまつた智恵子の/ うしろ姿がぽつんと見える。/ 二丁も離れた防風林の夕日の中で/ 松の花粉をあびながら私はいつまでも立ち尽す。

「千鳥と遊ぶ智恵子」全文

그다지도 그대는 레몬을 기다리고 있었나
슬프고 희고 밝은 임종의 자리에서

내 손에서 받아든 하나의 레몬을

그대는 어여쁜 이로 힘주어 깨물었다

황옥빛 향기가 나는

그 몇 방울 하늘나라의 레몬즙은

갑작스레 그대의 의식을 바로잡았다

그대의 푸르고 맑은 눈이 살포시 웃는다

내 손을 잡는 그대 손의 건강한 힘이여

그대의 목에 폭풍우는 거세지만

이같은 목숨의 갈림길에서

치에코는 그 옛날의 치에코가 되어

평생의 사랑을 한순간에 모았다

그리고 한동안

옛날 산마루에서 하던 것과 같은 심호흡을 한 번 하고는

그대의 기관은 그대로 멈춰 버렸다

사진 앞에 꽂은 벚꽃송이 그늘에

서늘하게 빛나는 레몬을 오늘도 놓으리라

「레몬 애가」 전문

そんなにもあなたはレモンを待つてゐた/ かなしく白くあかるい死の床で/ わたしの手からとつた一つのレモンを/ あなたのきれいな歯ががりりと噛んだ/ トパアズいろの香気が立つ/ その数滴の天のものなるレモンの汁は/ ぱつとあなたの意識を正常にした/ あなたの青く澄んだ眼がかすかに笑ふ/ わたしの手を握るあなたの力

の健康さよ/ あなたの咽喉に嵐はあるが/ かういふ命の瀬戸ぎはに/ 智恵子はもとの智恵子となり/ 生涯の愛を一瞬にかたむけた/ それからひと時/ 昔山巓でしたやうな深呼吸を一つして/ あなたの機関はそれなり止まつた/ 写真の前に挿した桜の花かげに/ すずしく光るレモンを今日も置かう

「レモン哀歌」全文

인용한 2편에서 앞의 시 「물떼새와 노는 치에코」에는 고타로와 부인 치에코의 추억이 비교적 담담하게 그려져 있다. 시는 그렇게 어렵지 않게 읽힐 것이다. 작품에 흐르는 정조는 슬픔이다. 이미 세상 등진 부인을 떠올리고 있기 때문이다. "이 세상살이 깨끗이 그만두고,/ 이제 자연의 저편으로 떠나버린 치에코/ 뒷모습이 외따로 보인다."(14행-16행)는 바로 그러한 서술에 해당한다. 두 사람에게 구체적인 추억의 장소는 태평양의 파도가 밀려드는 구주쿠리(九十九里) 해변의 모래밭. 구주쿠리 해변은 지바현(千葉県)에 있다. 그 공간에 등장하는 "방풍림", "송홧가루", "물떼새"는 고타로와 치에코의 추억을 불러일으키는 매개체로 활용되고 있다. 특히, 물떼새가 치에코를 부르는 묘사인 "치이, 치이, 치이, 치이, 치이---"(4행), "치이, 치이, 치이---"(9행), "치이, 치이, 치이, 치이, 치이---"(13행)는 읽는 이에게 감동을 주기에 충분하다. 이 시의 묘미 혹은 매력으로 작용하고 있다. 시의 제목 '물떼새와 노는 치에코'는 그렇게 붙여진 것. 구주쿠리 해안 쪽에 이 작품을 새긴 시비가 있다.

두 번째 인용 시 「레몬 애가」 역시 앞의 「물떼새와 노는 치에코」처럼 슬프게 읽힌다. '애가(哀歌)'에 담긴 고타로의 뜻이 고스란히 독자에게 전해진다. 추모의 성격을 갖는 시다. "임종의 자리"(2행)에서 "그대의 기관은 그대로 멈춰 버렸다"(16행)까지를 주목해서 읽으면, 여기에는 레몬을 매개체로 치에코의 생과 사, 그리고 그 경계선이 함께 숨 쉬고 있다. 레몬은 치에코의 생과 사의 경계를 나타내는 장치인 동시에 고타로가 부인에게 주는 마지막 선물의 역할을 하고 있다. 그래서 레몬은 그녀에게 "어여쁜 이로 힘주어 깨물"게 하고, 또한, "의식을 바로 잡"게 한다. "그대의 푸르고 맑은 눈이 살포시 웃는다"도 레몬으로 촉발되는 것이다.

이처럼 이 두 작품에는 고타로와 그의 부인 치에코와의 추억이 짙게 투영되어 있다. 부인을 그리워하는 고타로의 마음과 함께 '애가'라는 제목의 일부에서 느껴지는 것처럼 슬픔이 내재되어 있다. 시집 『치에코초』는 그야말로 두 사람이 나누었던 절절한 사랑의 기록으로, 왜 그가 여전히 일본인들로부터 사랑받고 있는 시인인지를 설명하는 중요한 저작이다. 최근 한국에서도 번역·출판(다카무라 고타로·김정신, 김태영 번역(2020), 『치에코초』, 지식을 만드는 지식)되었다.

마무리 글

이 글에서 살펴본 다카무라 고타로의 시는 모두 5편이다. 가장 먼저 소개된 「조슈유비소 풍경」에는 조슈유비소를 공간적 배경으로 일제강점기 이국땅 일본에서 터널 공사에 동원되었다가 죽어간 한국인 노동자의 비극이 담겨 있었다. 그 시적 여운이 한국인에게는 오랫동안 잊힐 것 같지 않다.

고타로의 첫 시집 『도정』에서 인용한 2편에서 공통적으로 느껴지는 정서는 그의 '자연 순종의 자세'였다. 자연에 속해 삶을 살아가겠다는 고타로의 의지를 확인할 수 있었다. 그것은 곧 그의 예술에 대한 태도로, '이상주의로 향하는 시적 태도'를 의미한다. 고타로만의 독특한 개성을 빚어낸 것이다.

더불어, 시집 『치에코초』에서 인용하여 소개한 「물떼새와 노는 치에코」와 「레몬 애가」에는 고타로와 그의 부인 치에코와 나누었던 추억이 짙게 드리워져 있었다. 이 세상 사람이 아닌 아내에 대한 그리움과 함께 '슬픈 노래'라는 뜻의 '애가'에서 느껴지는 것처럼, 짙은 슬픔이 내재되어 있었다. 그런 의미에서 두 사람이 40여 년간에 나누었던 뜨거운 사랑의 기록물인 『치에코초』는 고타로에게 '사랑의 시인'이라는 이미지를 부여하는 데 크게 기여하였다. 그것은 곧, 그가 여전히 일본인에게 사랑받는 시인이 된 중요한 이유로도 작용한다.

이처럼 고타로가 일본 문학사에서 비중 있는 시인으로 평가받는 요인은 자연 순종의 자세로 펼친 '이상주의 시 세계'와 '독특한 개성'이다. 그것이 일본 시단에 고타로 시를 설명하는 핵심어로 자리 잡은 것이다. 여기에서 우리가 빠트릴 수 없는 것은 그가 일본 근대 시단에 '알기 쉽고 명료한 구어 자유시의 추진에 힘을 쏟은 시인'으로 평가받는다는 사실. 필자의 한국어 번역으로는 그가 쓴 '구어체 자유시'에 대한 모습을 보여 주는 데는 한계가 있었지만, 고타로의 이러한 시적 업적은 후에 다이쇼 시단의 민중파 시인들에게로 이어졌다는 점에서 유효한 시도였다. 문학사적 의의가 있는 것이다.

　아무쪼록 이 글이 한국인에게는 익숙하지 않은 시인 다카무라 고타로를 이해하는 계기가 되길 바란다. 더불어, 당시의 한국과 일본의 시를 연구하는 학자들에게도 중요한 자료로서의 기능을 한다면 더할 나위 없는 기쁨이다.

하기와라 사쿠타로
萩原朔太郎

일본 구어 자유시의
완성자

하기와라 사쿠타로의 시

하기와라 사쿠타로(萩原朔太郎),
그는 누구인가

문학사적 평가

일본 문학사에 기여한 하기와라 사쿠타로(萩原朔太郎, 1886-1942, 이하 '사쿠타로'라 함)의 문학적 업적은 어떤 것일까. 자주 거론되고 으뜸으로 평가받는 것은 그가 일본 시단에 구어 자유시를 예술적으로 완성한 시인이라는 사실이다. 그에게 다이쇼 시대(大正時代, 1910-1926)에 근대시의 새로운 지평을 개척하여 '일본 근대시의 아버지'라는 호칭이 붙는 것은 그 때문이다. 일본 문학사에서 말하는 구어 자유시란 문어체로 쓰인 시가 아닌 시, 즉, 고전적인 말을 사용하여 지은 시를 가리키는 문어시에 대한 대립 개념이다. 다카무라 고타로(高村光太郎, 1883-1956)에 의해 추진된 구어 자유시는 사쿠타로에 의해 그 완성을 보게 된다.

이와 관련하여, 우리가 그의 시를 읽을 때 꼼꼼히 살펴봐야 할 것은 무엇일까. 그것은 그가 단순히 구어 자유시의 영역을 넘어 '언어가 가진 음악성을 살렸다'는 점이다. 또 하나는, 출간한 시집마다 새로운 시 형태에 자신만의 '독자적인 시론을 담아내려는 의지'를 드러냈다는 것. 이 두 가지 사실에 주목해야 한다. 이러한 문학적 업적으로 사쿠타로의 시는 일본을 대표하는 시인인 미요시 다쓰지(三好達治, 1900-1964)를 비롯해, 미야자와 겐지(宮沢賢治, 1896-1933), 니시와키 준자부로(西脇順三郎, 1894-1982)와 같은 후대의 여러 시인에게 적지 않은 영향을 끼치게 된다.

특히, 사쿠타로의 나이 32세 때 간행한 첫 시집 『달을 보고 짖는다(月に吠える)』(1917, 感情詩社·白日社 共刊)에는 내용이나 형식에서 기존의 시적 개념을 무너뜨리며, 시인의 날카로운 감수성으로 포착한 환상적 이미지가 펼쳐져 있다. 그가 구어 상징시·서정시의 새로운 영역을 일구며, 시단에 확고한 지위를 확립하는 것은 바로 이 시집에 힘입은 바 크다. 두 번째 시집 『푸른 고양이(青猫)』(1923, 新潮社) 역시 특이한 감각과 존재의 불안을 결부하여 사쿠타로만의 시 세계를 묘사했다는 호평을 받으며, 『달을 보고 짖는다』와 함께 구어 자유시의 완성에 중요한 역할을 담당했다. 이는 다이쇼 시단뿐만 아니라, 일본 근대시의 아버지로 불리는 계기로 작용한다.

그 후 사쿠타로는 『나비를 꿈꾼다(蝶を夢む)』(1923, 新潮社), 『순정소곡집(純情小曲集)』(1925, 新潮社), 『정본 푸른 고양이(定本青猫)』(1936, 版画荘) 등을 간행하였다. 이들 역시 구어 자유시의 확립에 이바지한 저작들로 기록된다. 반면, 전편을 한문체의 문어체를 사용해 적요(寂寥)와 회의(懷疑)를 호소하고 있는 시집 『얼음 섬(氷島)』(1934, 第一書房)은 그 평가가 호오(好惡)

로 이분되어 있다. 마지막 시집은 산문시와 서정시(행 나눔 시)를 정리한 종합 시집의 성격을 갖는 『숙명(宿命)』(1939, 創元社)이다. 『시론과 감상(詩論と感想)』(1928, 素人社書屋), 『순정시론(純正詩論)』(1935, 第一書房) 등의 산문도 남겼다.

문학적 업적과 생애

하기와라 사쿠타로의 작품을 이해하는 데 도움을 받고자, 잠깐 그 연보를 들여다보기로 한다.

그는 1886년 군마현(群馬県) 마에바시시(前橋市) 태생이다. 아버지는 개업한 의사였다. 중학교 때 시 잡지 《명성(明星)》에 단가(短歌) 3수가 게재되었고, 후에 단가로 유명해진 시인 이시가와 다쿠보쿠(石川啄木, 1886-1912) 등과 함께 《신시사(新詩社)》의 동인이 된 것은 그가 어릴 때부터 시와 친숙하고 문학적 영특함을 보여 주는 대목이다. 학업은 중학교 졸업 후 타지의 학교에서 몇 번의 낙제를 거쳤다. 이후, 게이오대학 예과(慶應大學 豫科)를 중도 퇴학한다.

본격적인 시작 활동은 사쿠타로의 나이 27세 때인 1913년 무렵. 이후 도쿄와 고향을 오가며 첫 시집 『달을 보고 짖는다』를 포함하여 8권의 시집을 출간한 시인으로서의 업적을 쌓았다. 그의 시가 갖는 주제는 적요감·고독감·권태감·우울감·공허감 등으로 설명할 수 있다.

이 글도 이러한 그의 시적 특징이 드러난 작품 「대(竹)」, 「개구리여(蛙よ)」, 「군중 속을 찾아 걷다(群衆の中を求めて行く)」, 「우체국 창구에서

(郵便局の窓口で)」,「부처(佛陀)」,「도네가와강 기슭(利根川のほとり)」의 6편을 소개한다. 그밖에 사쿠타로는 아포리즘을 모은 책, 수필, 소설, 시가론 등 많은 저작을 남겼다. 제8회 문학계상(文學界賞, 1936)과 제4회 도코쿠문학상(透谷文学賞. 1940)을 수상하였다. 56세 때인 1942년에 임종하였다.

「대」와 「개구리여」에 나타난 '날카로운 아픔'과 '존재의 고독'

먼저, 그에게 시인으로서의 명성을 부여한 계기가 된 첫 시집 『달을 보고 짖는다』에 수록된 「대(竹)」와 「개구리여(蛙よ)」 2편을 읽기로 한다. 이 작품들은 아직도 그의 대표작으로서 회자된다. 다음은 「대」 전문이다.

> 꼿꼿한 것이 땅에 돋아나
> 날카롭고 푸른 것이 땅에 돋아나
> 얼어붙은 겨울을 뚫고 나와
> 그 푸른 이파리 반짝이는 아침 텅 빈 길에
> 눈물 흘리며
> 눈물을 흘리며
> 이제 이미 참회를 끝낸 어깨 위로
> 아스라이 대 뿌리는 번져 나가

날카로운 푸른 것이 땅에 돋아나

「대」 전문

ますぐなるもの地面に生え、/ するどき青きもの地面に生え、/ 凍れる冬をつらぬきて、/ そのみどり葉光る朝の空路に、/ なみだたれ、/ なみだをたれ、/ いまはや懺悔をはれる肩の上より、/ けぶれる竹の根はひろごり、/ するどき青きもの地面に生え。

「竹」全文

이 시는 『달을 보고 짖는다』에 수록되어 있지만, 초출은 시 잡지 《시가(詩歌)》 1915년(다이쇼 4년) 2월호다. 같은 시집에 「대」라는 제목의 작품이 2편 있는데, 그중 한 편이다.

우선, 시에 나타난 '대'의 외형에 주목해 보자. "꼿꼿한 것", "날카롭고 푸른 것"이다. 땅에 돋아나 있다. 읽는 이에게 대의 이미지를 강하게 인식시킨다. 그러나 우리가 알고 있는 대는 가지도 있고 잎도 있고 와삭와삭 소리를 내는 것이며, "얼어붙은 겨울을 뚫고 나"온 날카로운 것은 아니다. 따라서 시에 나타난 대는 실제로 우리가 일상에서 볼 수 있는 대가 아니라, 직선적인 날카로움을 갖고 있다. 생명의 고통을 느끼게 한다. "꼿꼿한 것", "날카롭고 푸른 것"이기 때문이다. 이는 곧 화자만이 느끼는 생명의 고통과 결부되어 있는 듯하다. "눈물 흘리며/ 눈물을 흘리며"도 그렇게 읽힌다. 그래서 "이제 이미 참회를 끝낸 어깨 위로/ 아스라이 대 뿌리는 번져나가"는 것은 대와 참회의 마음이 결합한 것으로 다가온다. 그 참회는 대나무의 직선성·직관성의 이미지에 떠받쳐 순일(純一)한 감상(感傷)이 된다.

또 하나, "땅에 돋아나"(1행, 2행, 9행), "눈물 흘리며"(5행, 6행)의 반복에 눈길이 간다. 음조상(音調上)의 궁리가 느껴짐과 동시에 대와 마음의 결합으로 다가온다. 이는 시어들이 종래의 의미 전달이라는 역할은 물론, 문어 정형시에 있었던 음악성을 뛰어넘는 어떤 생리성(生理性)·생명성(生命性)을 표출하고 있음이다. 시가 새로운 리듬감을 획득하고 있다는 뜻. 주정성(主情性) 속에 맥박치는 생명의 리듬이라고 할 수 있다. "이제 이미 참회를 끝낸 어깨 위로/ 아스라이 대 뿌리는 번져나가"는 대와 화자 자신의 혼연일치, 그런 경지에 이르렀음을 나타낸다. 훌륭한 심상의 감각적 파악이다.

그래서 이 작품에 등장한 화자를 사쿠타로로 해석하여, '병적인 신경의 떨림'과 '감각의 날카로운 아픔'이 전체적인 시의 이미지를 지배하고 있다고 볼 수 있다.

다음에 인용하는 「개구리여(蛙よ)」는 또 어떤 이미지로 읽힐까.

    개구리여
    파란 억새랑 갈대가 자라고 있는 속에서,
    개구리는 하얗게 부풀어 있는 것 같다,
    비가 흠뻑 내리는 저녁 풍경 속에,
    개굴, 개굴, 개굴, 개굴, 하고 우는 개구리.

    칠흑의 지면을 내동댕이치는,

오늘밤은 비바람 세찬 밤이다,

차가운 풀잎 위에서도,

후유 숨을 들이쉬는 개구리,

개굴, 개굴, 개굴, 개굴, 우는 개구리.

개구리여,

내 마음은 너에게서 멀리 떨어져 있지 않다,

나는 손에 등불을 들고,

어두운 마당 위를 바라보고 있었다,

비에 시들어 가는 초목의 잎을, 지친 심정으로 바라보고 있었다.

「개구리여」 전문

蛙よ、/ 青いすすきやよしの生えてる中で、/ 蛙は白くふくらんでゐるやうだ、/ 雨のいつぱいにふる夕景に、/ ぎよ、ぎよ、ぎよ、ぎよ、と鳴く蛙。// まつくらの地面をたたきつける、/ 今夜は雨や風のはげしい晩だ。/ つめたい草の葉つぱの上でも、/ ほつと息をすひこむ蛙。/ ぎよ、ぎよ、ぎよ、ぎよ、と鳴く蛙。// 蛙よ、/ わたしの心はお前から遠くはなれて居ない、/ わたしは手に燈灯をもつて、/ くらい庭の面を眺めて居た。/ 雨にしほるる草木の葉を、つかれた心もちで眺めて居た。

「蛙よ」全文

3연 15행으로 구성된 시를 몇 번 읽어 내려가면, 시는 전체적으로 고독의 지배가 역력하다는 것을 알 수 있다. 무엇보다 시에 나타난 개구리의 형상이 그렇다. "개구리는 하얗게 부풀어 있는 것 같다.", "차가운 풀잎 위에서도,/ 후유 숨을 들이쉬는 개구리,"에서 개구리는 결코 낭만적인 개구리가 아니다. 쓸쓸한 존재다. 개구리를 둘러싼 환경 또한 비가 몹시도 내리는 "저녁 풍경 속에," "파란 억새랑 갈대가 자라고 있는 속"이 아닌가.

더하여 주목할 표현은 그런 개구리를 바라보는 화자의 심정을 서술하는 대목. "내 마음은 너에게서 멀리 떨어져 있지 않다.", "비에 시들어 가는 초목의 잎을, 지친 심정으로 바라보고 있었다."가 바로 그것이다. "개굴, 개굴, 개굴, 개굴,"은 세찬 비바람 속에서 개구리 울음을 나타낸 의성어로 읽는 이에게 상처 많은 소리로 들려온다.

즉, 이 시는 개구리를 통해 진술하는 시인 사쿠타로의 고독의 모습이 짙게 투영된 작품이다.

이처럼 첫 시집 『달을 보고 짖는다』에 수록된 「대」에는 '병적인 신경의 떨림'과 '감각의 날카로운 아픔'이 자리 잡고 있었고, 「개구리여」에는 존재의 짙은 고독이 작품의 분위기를 지배하고 있었다.

다음에 소개하는 작품 「군중 속을 찾아 걷다」와 「우체국 창구에서」는 그의 두 번째 시집 『푸른 고양이』에 실린 것이다. 어떤 시 세계를 보여 주고 있는지를 살펴보자.

「군중 속을 찾아 걷다」와 「우체국 창구에서」에 나타난 '고독'과 '궁핍한 생활'

먼저, 「군중 속을 찾아 걷다(群衆の中を求めて行く)」 전문을 읽기로 한다.

나는 언제나 도시를 추구한다

도시의 떠들썩한 군중 속에 있는 것을 추구한다

군중은 커다란 감정을 가진 물결과 같은 것이다

어디로든지 흘러가는 하나의 왕성한 의지와 애욕(愛慾)의 그룹이다

아아 구슬픈 봄날의 황혼 무렵

도시의 뒤섞인 건축과 건축의 그림자를 찾아서

커다란 군중 속에 휩쓸려 가는 것은 얼마나 즐거운 일인가

보세요 이 군중이 흘러가는 모양을

하나의 물결은 하나의 물결 위에 겹치고

물결은 수없는 그림자를 만들고 그림자는 흔들리며 퍼져 나아간다

한 사람 한 사람이 지닌 우울과 슬픔과 물밑의 그림자로 사라져 흔적조차 없다

아아 어쩌면 이렇게도 편안한 마음으로 나는 이 길을 걸어가고 있는가

아아 이 커다란 사랑과 무심(無心)의 즐거운 그림자

즐거운 물결인 당신에 이끌려 가는 마음은 눈물겨워지는 것 같다.

왠지 슬픈 봄날의 황혼 무렵

이 사람들의 무리는 건축과 건축의 처마를 헤엄쳐

어디로 어떻게 흘러가려고 하는 것인가

내 슬픈 우울을 감싸고 있는 하나의 커다란 지상의 그림자
떠도는 무심한 물결의 흐름
아아 어디까지고 어디까지고 이 군중의 물결 속으로 휩쓸려 가고 싶다
물결의 행방은 지평선으로 흐릿해진다
하나의, 그저 하나의 '방향'만을 향해서 흘러가자

「군중 속을 찾아 걷다」 전문

私はいつも都会をもとめる/ 都会のにぎやかな群集の中に居ることをもとめる/ 群集はおほきな感情をもつた浪のやうなものだ/ どこへでも流れてゆくひとつのさかんな意志と愛欲とのぐるうぷだ/ ああ ものがなしき春のたそがれどき/ 都会の入り混みたる建築と建築との日影をもとめ/ おほきな群集の中にもまれてゆくのはどんなに楽しいことか/ みよこの群集のながれてゆくありさまを/ ひとつの浪はひとつの浪の上にかさなり/ 浪はかずかぎりなき日影をつくり 日影はゆるぎつつひろがりすすむ/ 人のひとりひとりにもつ憂ひと悲しみとみなそこの日影に消えてあとかたもない/ ああ なんといふやすらかな心で私はこの道をも歩いて行くことか/ ああこのおほいなる愛と無心のたのしき日影/ たのしき浪のあなたにつられて行く心もちは涙ぐましくなるやうだ。/ うらがなしい春の日のたそがれどき/ このひとびとの群は建築と建築との軒をおよいで/ どこへどうしてながれ行かうとするのか/ 私のかなしい憂鬱をつつんでゐる ひとつのおほきな地上の日影/ ただよふ無心の浪のながれ/ ああどこまでもどこまでもこの群集の浪の中をもまれて行き

たい/ 浪の行方は地平にけむる/ ひとつの　ただひとつの「方角」ばかりさしてながれ行かうよ

「群衆の中を求めて歩く」全文

연 나눔 없이 전체 22행으로 이루어진 이 작품에서 꼼꼼히 들여다보고 싶은 것은 군중 속에서 호흡하는 화자의 심정일 듯. 도시 생활을 하고 있는 화자의 심리는 전체적으로 '군중 속의 고독'으로 그려지는 양상이다. "왠지 슬픈 봄날의 황혼 무렵"(15행)과 "내 슬픈 우울을 감싸고 있는 하나의 커다란 지상의 그림자"(18행)에 눈길이 간다. "왠지 슬픈 봄날의 황혼 무렵"은 5행과 15행 두 곳에서 겹쳐 나온다.

하지만 고독이나 슬픔에 즐거움과 편안함이 혼재되는 양상으로도 나타나기도 하는데, "도시의 뒤섞인 건축과 건축의 그림자를 찾아서/ 커다란 군중 속에 휩쓸려 가는 것은 얼마나 즐거운 일인가"(6행, 7행), "아아 어쩌면 이렇게도 편안한 마음으로 나는 이 길을 걸어가고 있는가", "아아 이 커다란 사랑과 무심(無心)의 즐거운 그림자/ 즐거운 물결인 당신에 이끌려 가는 마음은 눈물겨워지는 것 같다."(12행-14행)가 바로 그런 양면성을 내포한 표현으로 읽힌다.

이러한 성격들의 작품을 사쿠타로는 「군중 속을 걷다(郵便局の窓口で)」외에 몇 편 더 남기고 있지만, 우리가 관심을 갖고 살펴야 할 것은 그가 도회성에서 단순히 근대적 풍경이나 도시의 정조를 표출하는 것이 아니라, 도시 생활자의 심리를 군중의 흐름에서 찾으려는 행위를 하고 있다는 것이다. "아아 어디까지고 어디까지고 이 군중의 물결 속으로 휩쓸려 가고 싶다"(20행)도 그런 흐름에 동승하고 있다. 시의 제목 '군

중 속을 찾아 걷다'에 나타나고 있는 것처럼, 그것은 곧 다이쇼 시대에 도시를 살아가는 사쿠타로의 모습이기도 하고, 다른 도시 생활자의 생활 정조이기도 하다. 서두에 제시한 "나는 언제나 도시를 추구한다/도시의 떠들썩한 군중 속에 있는 것을 추구한다"(1행, 2행)도 그런 의미의 함유다.

이 시가 수록된 시집 '푸른 고양이'의 제목에 대해 사쿠타로는 "푸른 고양이(靑描)의 '청(靑)'은 영어의 '블루(blue)'를 의미하고 있다. 다시 말해서 '희망이 없는', '우울한', '피로한' 등의 뜻을 담아 사용했다"는 진술을 하고 있다. 이러한 진술에 관심이 가는 것은 이 시집의 시를 이해하는 데 중요한 실마리를 제공해 주고 있기 때문이다. 이 시집을 '우울한 고양이'라고도 명명하는 이유는 바로 여기에 있다.

다음에 인용하는 시 「우체국 창구에서(郵便局の窓口で)」도 동일한 시각으로 다가온다. 다음은 그 전문.

우체국 창구에서
나는 고향에 보내는 편지를 썼다.
까마귀처럼 영락(零落)해서
구두도 운명도 닳아 떨어져 버렸다.
매연은 하늘에 흐리고
오늘도 아직 일자리는 찾지 못했다.

아버지여
무엇이 내 인생에 남아 있는가.

난 서글픈 허무감에서

가난한 지갑 속을 헤아려 보았다

모든 인생을 동전으로 바꾸어

길바닥의 납작한 돌에 내동댕이쳤다.

고향이여!

늙으신 아버지여.

나는 항구 쪽으로 가야겠다.

공기처럼 비틀비틀

부둣가의 우울한 길을 가야겠다.

인생이여!

나는 출범하는 기선 위에서

기적이 울부짖는 소리를 들었다.

　　　　　　　　　　　　　　「우체국 창구에서」 전문

　郵便局の窓口で/ 僕は故鄕への手紙をかいた。/ 鴉のやうに零落して/ 靴も運命もすり切れちやつた。/ 煤煙は空に曇つて/ けふもまだ職業は見つからない。// 父上よ/ 何が人生について殘つて居るのか。/ 僕はかなしい空虛感から/ 貧しい財布の底をかぞへて見た。/ すべての人生を銅貨にかへて/ 道路の敷石に叩きつけた。/ 故鄕よ！/ 老いたまへる父上よ。// 僕は港の方へ行かう/ 空氣のやうに蹌踉として/ 波止場の憂鬱な道を步かう。/ 人生よ！/ 僕は出帆する汽船の上で/ 笛の吠えさけぶ響をきいた。

　　　　　　　　　　　　　　「郵便局の窓口で」全文

인용 시는 1936년(쇼와 11년) 3월에 간행된 『정본 푸른 고양이(定本 靑猫)』에 실려 있지만, 발표 시기는 1927년. 시 잡지에 발표된 것이다. 발표 시기로 보면, 사쿠타로가 상경해서 이리저리 거주지를 옮기던 때다.

시는 어렵지 않게 읽히리라. 시의 바탕에 흐르는 정서는 화자의 궁핍한 생활이다. "까마귀처럼 영락(零落)해서/ 구두도 운명도 닳아 떨어져 버렸다.", "오늘도 아직 일자리는 찾지 못했다.", "난 서글픈 허무감에서 모든 인생을 동전으로 바꾸어/ 길바닥의 납작한 돌에 내동댕이쳤다."는 그러한 사실을 충실하게 그려낸 표현들이다. 3행에 나오는 "영락(零落)"은 살림이 줄어들어 보잘것없이 된 것을 가리키는 말.

이 시와 관련하여 사쿠타로가 당시를 회상하며 쓴 글은 작품을 이해하는 데 참고가 된다. "도쿄의 오이마치(大井町)로 이주해 왔을 때, 심한 가난을 경험했다. 시골의 아버지로부터 매달 60엔씩 받는 것 외에 나 스스로 직업이 없고, 그 외에 전혀 수입이 없었다. 그 무렵은 물가가 정점이라서 아내와 나, 아이 둘이 생활하는 것은 쉽지 않았다"(『고무장화』)고 말하고 있다. 그러나 당시의 보통의 생활에서 생각하면 여유는 없다고 해도, 60엔은 반드시 '심한 가난'은 아니었다는 것이 평자들의 견해다. 사쿠타로가 "실제 생활에 약한 모습을 보여 주었다"(『日本の詩歌 14 萩原朔太郞』, 1968, 中央公論社, p.266)는 평가도 참고해 볼 만하다.

이처럼 『푸른 고양이』에 실린 「군중 속을 찾아 걷다」에는 군중 속의 고독이 감지되었는데, 이는 곧 사쿠타로가 경험하는 고독이었으며, 동시에 당시 도회를 살아가는 사람들의 고독이기도 했다. 또 한 편의 시 「우체국 창구에서」는 도시에서 살아가는 사쿠타로의 가난한 생활이 사실적으로 그려졌다. 즉, 이 2편에는 사쿠타로의 고독과 궁핍한 생활이 시의 분위기를 지배하고 있었다. 그것은 곧, 시집 『푸른 고양이』의 분위기와도 동일선상에 놓여 있었다.

「부처」와 「도네가와강 기슭」에 나타난 '정신의 적요(寂寥)'와 '슬픔'

다음에 읽어 볼 시는 「부처(佛陀)」와 「도네가와강 기슭(利根川のほとり)」이다. 각각 시집 『하기와라 사쿠타로 시집』과 『순정소곡집』에 실려 있다. 부처는 사쿠타로에게 어떤 존재였을까. 「부처(佛陀)」부터 읽어 보자.

> 붉은 흙이 많은 구릉 지방의
> 쓸쓸한 동굴 속에 잠들어 있는 사람이여
> 그대는 조개도 아니고 뼈도 아니고 물체도 아니다.
> 그리고 둔치의 풀이 시든 모랫벌에
> 낡아서 녹슬어 버린 시계 같은 것도 아니지 않은가.
> 아아 그대는 '진리'의 그림자인가 유령인가
> 수천 수백 년 동안을 거기 앉아 있는
> 이상한 물고기처럼 살아 있는 미라여.
> 이 견딜 수 없이 쓸쓸한 황야 끝에서
> 바다는 번쩍번쩍 빛을 내며 하늘에 울리고
> 큰 해일 멀리서 밀려오는 소리 들린다.

그대의 귀는 그것을 듣는가?
영원의 사람, 부처여!

「부처」 전문

赫土の多い丘陵地方の/ さびしい洞窟の中に眠つてゐるひとよ/ 君は貝でもない　骨でもない　物でもない。/ さうして磯草の枯れた砂地に/ ふるく錆びついた時計のやうでもないではないか。/ ああ　君は「眞理」の影か　幽靈か/ いくとせもいくとせもそこに坐つてゐる/ ふしぎの魚のやうに生きてゐる木乃伊よ。/ このたへがたくさびしい荒野の涯で/ 海はかうかうと空に鳴り/大海嘯の遠く押しよせてくるひびきがきこえる。/ 君の耳はそれを聽くか？/ 久遠のひと　佛陀よ！

「佛陀」全文

시의 화자는 "견딜 수 없이 쓸쓸한 황야 끝에서" "큰 해일 멀리서 밀려오는 소리"를 듣고 있다. 그런 느낌은 어떤 것일까. 시가 제시하는 부처의 형상은 조개도 뼈도 물체도 아닌 것이 "쓸쓸한 동굴 속에 잠들어 있는 사람"이다. "수천 수백 년 동안을 거기 앉아 있는/ 이상한 물고기처럼 살아 있는 미라"다. 미라를 영원히 응고된 존재로 받아들이면, 그런 부처를 바라보며 화자는 영원히 안주할 수 없는 '정신의 적요(寂寥)' 같은 것을 생각하고 있는 듯하다.

이 작품에는 「부처」라는 제목에 부제로 '또는 '세계의 수수께끼'(或は「世界の謎」)'가 붙어 있는데, 이런 부제에도 비슷한 메시지가 함유되어 있지 않을까. 그래서 이 시는 생에 대한 사념(思念)의 끝을 생각하게 하

고, 사쿠타로의 숙명적인 인생의 입장을 말하는 것 같다.

「도네가와강 기슭(利根川のほとり)」에서의 사쿠타로는 어떤 모습으로 그려지고 있을까.

> 어제 또한 몸을 던지려는 생각을 하고
> 도네가와의 기슭을 헤맸지만
> 물의 흐름 빨라
> 내 슬픔 막으며 멈추게 할 방법도 없거니와
> 염치없이 살아남아서
> 오늘도 또한 강변에 와서 돌 던지며 놀고 지낸다.
> 어제오늘
> 아무 보람도 없는 내 몸을 이토록 가엾게 생각하는 이 기쁨
> 누군가는 죽으려고 하는 것인가
> 끌어안고 끌어안고서 울고 있나니.
>
> 「도네가와강 기슭」 전문

> きのふまた身を投げんと思ひて/ 利根川のほとりをさまよひしが/ 水の流れはやくして/ わがなげきせきとむるすべもなければ/ おめおめと生きながらへて/ 今日もまた河原に來り石投げてあそびくらしつ。/ きのふけふ/ ある甲斐もなきわが身をばかくばかりいとしと思ふうれしさ/ たれかは殺すとするものぞ/ 抱きしめて抱きしめてこそ泣くべかりけれ。
>
> 「利根川のほとり」全文

하기와라 사쿠타로의 시 · 97

도네가와강(利根川)은 사쿠타로의 고향인 군마현을 흐르는 강이다. 말하자면 이 시도 그다지 어렵지 않게 읽힌다. 그의 고향 마을에 흐르는 강의 흐름에 의탁하여 자신의 한탄과 슬픔을 노래하고 있다는 것을 알 수 있다. 그래서 시에서 관심이 집중되는 곳도 "어제 또한 몸을 던지려는 생각"과 "염치없이 살아남아서"다. 그리고 말미의 "아무 보람도 없는 내 몸을 이토록 가엾게 생각하"며 "끌어안고 끌어안고서 울고 있"는 서술이다. 죽음에 대한 생각과 다시 살아야겠다는 생각이 혼재해 있다.

주목할 시적 표현으로 읽히는 "물의 흐름 빨라/ 내 설움 막으며 멈추게 할 방법도 없거니와"는 강의 빠른 물살을 자신의 한탄이나 슬픔으로 옮겨 놓은 것. 그렇기 때문에 "내 슬픔 막으며 멈추게 할 방법도 없"었다는 진술로 이어진다.

살펴본 것처럼, 「부처」는 사쿠타로가 영원히 안주할 수 없는 '정신의 적요(寂寥)' 같은 것을 생각하고 있는 작품으로 읽혔다. 「도네가와강 기슭」은 그의 고향 마을에 흐르는 강의 흐름에 의탁하여 자신의 한탄과 슬픔을 노래한 시편으로, 죽음과 다시 살아야겠다는 생각이 서로 뒤섞여 있었다. 더불어 강의 빠른 물살을 자신의 한탄이나 슬픔으로 치환하는 장치로 활용하고 있었다.

마무리
글

이 글에서 다룬 하기와라 사쿠타로의 시는 「대」, 「개구리여」, 「군중 속을 찾아 걷다」,「우체국 창구에서」,「부처」,「도네가와강 기슭」으로 모두 6편이었다. 이 작품들을 들여다본 생각을 정리하면 다음과 같다.

먼저,「대」에 흐르는 정조는 병적인 신경의 떨림과 감각의 날카로운 아픔 같은 것이었다.「개구리여」에는 존재를 둘러싼 짙은 고독이 감지되었다. 이러한 시적 성격은 사쿠타로의 시의 특징을 보여 주는 것으로, 시집 『달을 보고 짖는다』의 성격과도 호응하는 특징으로 설명할 수 있다.

「군중 속을 찾아 걷다」에는 도시를 살아가는 사쿠타로의 고독이 읽혔다. 그것은 군중 속의 고독으로, 당시 도회를 살아가는 보통 사람들의 고독과도 겹치는 양상이었다. 도시 생활을 하며 느끼는 사쿠타로의 궁핍함이 사실적으로 묘사된「우체국 창구에서」와 함께 시집 『푸른 고양이』의 성격을 잘 드러내고 있었다.

즉, 사쿠타로 초기의 두 시집 『달을 보고 짖는다』, 『푸른 고양이』에 실린「대」,「개구리여」,「군중 속을 찾아 걷다」,「우체국 창구에서」에는 그의 특유의 감각의 날카로운 아픔이나 개인의 슬픔 혹은 존재의 고독이 투영되어 있었다. 그것은 두 시집의 성격이나 분위기와 유사한 정조였다. 물론, 이 두 시집이 이른바 사쿠타로의 시인으로서의 유명세에 기여한 것은 그의 시가 단순히 구어 자유시의 영역을 넘어 '언어가 가진 음악성을 살렸다'는 데에 있다. 이러한 특징도 중요한 역할을 했다는 것은 기억할 필요가 있다.

또한, 사쿠타로가 편안히 쉴 수 없는 '정신의 적요(寂寥)' 같은 것이 느껴지는 시「부처」와, 시인의 고향에 흐르는 도네가와강에 의탁해 한탄과 슬픔을 그려낸 작품「도네가와강 기슭」을 읽어 본 것처럼, 이 두 작품에는 사쿠타로 자신의 적요감과 비애가 짙게 자리 잡고 있었다.

따라서 이 글에서 소개한 사쿠타로의 작품들은 일반적으로 그의 시적 특성을 설명하는 적요감·고독감·권태감·우울감·공허감과 같은 용어들과 그 궤를 같이하고 있었다고 할 수 있다.

이 글이 한국인 독자에게 구어 자유시의 완성자로서의 사쿠타로의 매력을 보여 주는 데는 어느 정도 한계가 있었을 것이다. 그것은 일본어 원문을 일일이 거론하면서 해야 할 영역이기 때문이다. 그가 출간한 시집마다 사쿠타로만의 독자적인 시론(詩論)을 인용하여 설명하지 못한 것도 아쉬운 대목이다. 그의 시론은 연구의 대상, 독서의 영역으로 읽어봐야 할 중요한 텍스트라는 것도 부언한다.

하기와라 사쿠타로는 한국인에게 다소 생소한 이름일 것이다. 그러나 '일본 근대시의 아버지', 혹은 '구어 자유시의 완성자'라는 그의 문학적 수식어가 한국 시단에 발표된 우리나라 시인들의 작품과의 비교 연구에 적잖은 도움이 될 것으로 생각된다.

니시와키 준자부로
西脇順三郎

일본 시단에
주지주의 시를 도입한

니시와키 준자부로의 시

니시와키 준자부로(西脇順三郞), 그는 누구인가

문학사적 평가

일본 시단에서 니시와키 준자부로(西脇順三郞, 1894-1982, 이하 '준자부로'라고 함)를 둘러싸고, '일본에 주지주의 시를 도입하는 데 선구자적 역할을 한 인물', '근대시를 현대시로 변용시킨 최대의 시인', '현대시의 대종(大宗)'과 같은 수식어가 주류를 이루는 것은 그의 문학사적 평가를 말해주는 것이다. 그에게 특히, '대종'이란 호칭이 붙게 된 것은 일본 문학사에 큰 바탕이 된 인물이라는 뜻이 내포되어 있다. 하기와라 사쿠타로(萩原朔太郞, 1886-1942)가 구어시의 완성자로 평가받으며 일본에 근대시의 뿌리를 내렸다면, 준자부로는 기존의 독자적인 쉬르레알리슴(surrealism) 이론을 전개하며 모더니즘 문학운동에 커다란 영향을 준 인물이다.

1928년(쇼와 3년)을 전후로 일본 시단에 일어난 중요한 변화의 하나로 꼽을 만한 것은 모더니즘 시의 출현이다. 모더니즘 시의 순기능은 당시 매너리즘에 빠져 있던 구(舊) 시단과 프롤레타리아 시파에 대항해 새로운 시의 형성과 방법론을 제시하고 추구했다는 점이다.

그 대표적 사례가 하루야마 유키오(春山行夫, 1902-1994)가 편집한 시 계간지 《시와 시론(詩と詩論)》 창간이다. 신 산문시·단시, 쉬르레알리슴 시, 주지주의적인 시 등, 새로운 시의 형태가 생겨난 것은 이 무렵. 이 《시와 시론》의 중심적 존재이며 이론적 지도자가 된 사람이 바로 준자부로였다. 그는 독자적인 쉬르레알리슴 이론을 전개해서 모더니즘 문학운동에 커다란 영향을 끼친다. 쉬르레알리슴은 흔히 말하는 초현실주의를 가리키는 용어, 이 쉬르레알리슴 시는 꿈·이미지의 세계가 시 그 자체라고 생각하고, 이미지의 예술적 재구성에 의한 감각적인 세계의 표현을 추구했다. 초현실적인 자유로운 상상을 중시하였고, 극히 주관적 경향이 강하였다. 당시 발간된 이러한 경향을 띠는 모더니즘 시집의 대표적인 것이 준자부로의 『Ambarvalia』(1933)이다. 기타카와 후유히코(北川冬彦, 1900-1990)의 『전쟁(戰爭)』(1929), 안자이 후유에(安西冬衛, 1898-1965)의 『군함말리(軍艦茉莉)』(1929), 미요시 다쓰지(三好達治, 1900-1964)의 『측량선(測量船)』(1930)도 그러한 시적 경향에 부합하는 업적으로 평가할 수 있다.

준자부로의 대표 시집으로 평가받는 『Ambarvalia』의 참된 값어치가 제대로 인정을 받게 된 것은 일본에서 전후 시의 르네상스를 창출한 젊은 시인들, 특히 1947년 간행된 시 잡지 《황지(荒地)》 계열의 시인들에 의해서다. 물론, 그의 이 시집에 대한 굳건한 평가는 지금까지도

계속되는 불변의 것이다. 이 밖에 그가 남긴 시집 『나그네는 돌아오지 않는다(旅人かえらず)』(1947), 『근대의 우화(近代の寓話)』(1953)를 비롯한 왕성한 창조력을 바탕으로 한 다수의 저작은 일본 문학사가 그를 근대시에서 현대시로 가는 중심적 존재로 평가하는 근간이 된다.

한편, 김춘수 시인이 생전에 준자부로의 시를 번역하여 출간한 『나그네는 돌아오지 않는다』(2002, 민음사)는 우리에게는 다소 생소한 이름이었던 준자부로를 한국의 일반 독자들에게 알려준 계기가 되었을 것으로 생각된다.

문학적 업적과 생애

니시와키 준자부로는 니가타현 오지야시(新潟県 小千谷市) 태생으로 1894년생이다. 시인이고 영문학자며 번역가다. 문학박사다. 그가 태어난 해에 청일전쟁이 발발한다. 게이오의숙대학(慶應義塾大學) 이재과(理財科)를 졸업하였으며, 영국의 옥스퍼드대학을 중퇴했다.

앞서 언급한 대로, 그는 제2차 세계대전 전의 일본 시단에서 모더니즘, 다다이즘, 쉬르레알리슴 운동의 중심인물로 활약했다. 또한, 생애에 많은 수채화 및 유채 등의 회화 작품을 남긴 것도 특이한 이력의 하나다. 생전에 노벨문학상 후보로 거론되기도 했지만, 수상으로 이어지지는 못했다. 이는 일본 시인이 노벨상 후보로 거론되었다는 점에서는 극히 보기 드문 사례로 기록할 만하다.

준자부로는 28세 때인 1922년, 영국으로 건너가 서구의 초현실주의적 감각을 익혔다. 옥스퍼드대학을 중퇴하던 1925년(다이쇼 14년)에 런던에서 영문 시집 『스펙트럼(Spectrum)』를 자비로 출판하였는데, 이것이 〈데일리·뉴스〉지와 〈타임즈〉지 문예 부록의 서평에 다뤄지면서, 일약 문인으로서의 이름을 알리는 계기가 된다.

귀국 후인 1926년(다이쇼 15년), 게이오대학 문학부 교수에 취임하며 영문학사 등을 담당하였다. 이후 1962년까지 교수 생활을 했다. 일본의 초현실주의운동에 참가하며, 시집 『Ambarvalia』(1933)을 비롯해, 『나그네는 돌아오지 않는다(旅人かへらず)』(1947), 『근대의 우화(近代の寓話)』(1953), 『제3의 신화(第三の神話)』(1956) 등의 시집과 평론 『고대문학서설(古代文学序説)』(1948) 등 수많은 저작을 남겼다. 요미우리문학상(讀賣文學賞, 1957)과 훈장인 훈이등서보장(勲二等瑞宝章, 1974)을 수상했다. 1982년 급성 심부전으로 88세의 생애를 마감했다.

다음 장에서는 준자부로의 시를 읽으며, 그의 시가 갖는 특징을 살펴보고자 한다. 당시 한국에도 수입되었던 주지주의 시의 뿌리를 이해하는 데도 적지 않은 도움이 될 것이다.

이 글에서 소개하는 준자부로의 시는 시집 『Ambarvalia』에 실린 4편인 「날씨(天気)」, 「카프리의 목인(カプリの牧人)」, 「눈(眼)」, 「나그네(旅人)」와 시집 『나그네는 돌아오지 않는다(旅人かへらず)』에 실린 7편인 「나그네는 돌아오지 않는다(旅人かへらず) 1」, 「나그네는 돌아오지 않는다(旅人かへらず) 2」, 「나그네는 돌아오지 않는다(旅人かへらず) 3」, 「나그네는 돌아오지 않는다(旅人かへらず) 4」, 「나그네는 돌아오지 않는다(旅人かへらず) 5」, 「나그네는 돌아오지 않는다(旅人かへらず) 166」, 「나그네는 돌아오지 않는다(旅人かへらず) 168」을 합해 모두 11편이다.

시집 『Ambarvalia』 읽기:
'현실과 꿈의 세계가 이어지는 듯한 나그네의 기억'

니시와키 준자부로가 영국에서 출간한 영문 시집인 『스펙트럼(Spectrum)』을 제외하고, 일본에서 일본어로 출간한 첫 시집은 『Ambarvalia』다. 1933년 시이노키샤(椎の木社)에서 출간되었다. '시이노키(椎の木)'는 모밀잣밤나무라는 뜻이다. 그의 나이 39세 때의 일. 그리고 1947년 도쿄출판사(東京出版社)에서 『아무바루와리아』로 개정 출판된다. 시집 제목인 'Ambarvalia'는 일본어로 흔히 '아무바루와리아'라고 읽힌다. 고대 로마 시대의 '농신제(農神祭)' 혹은 '곡물제(穀物祭)'를 뜻하는 말이다. 농신제는 고대 로마의 농경의 신 '자톤(Saturn)'을 축하하는 동지(冬至)의 축제로 12월 17일부터 일주일 동안 행해졌다. 크리스마스의 기원이 되었다고 한다.

그럼, 시집에서 가장 먼저 나오는 시 「날씨(天気)」를 읽어 보자.

(엎질러진 보석) 같은 아침
누가 문 앞에서 누군가와 속삭인다
그것은 신이 태어난 날

「날씨」 전문

(覆された宝石)のやうな朝/ 何人か戸口にて誰かとさゝやく/ それは神の誕生の日

「天気」全文

전체 3행에 불과한 이 작품은 준자부로를 거론할 때 자주 인용된다. 우선, 시의 전경이 일시에 펼쳐지는 느낌을 지울 수 없을 것이다. "(엎질러진 보석) 같은 아침"(1행)은 어떤 아침일까. 어떤 계절의 아침일까. 그것이 언제인지 특별히 명시하지 않았지만, 공기가 투명하게 빛나는 계절일 때만 "(엎질러진 보석) 같은 아침"을 볼 수 있지 않을까 하는 생각을 해본다. 가을 아침이 연상되기도 하고, 겨울 아침이 연상되기도 한다. 「날씨」는 '그리스적 서정시'라는 제목이 붙은 장(章)의 한 편이다. 시인은 이 장을 니체의 『그리스 서정 시집』의 영향으로 썼다고 고백하고 있다.

　"신이 태어난 날"(3행)이라고 되어 있지만, 특별히 며칠이라고 쓴 것은 없다. 계절도 알 수 없지만, (엎질러진 보석)이 괄호로 묶여 있는 것은 영국의 시인 존 키츠(Keats, John, 1795-1821)의 「엔디미온(Endymion)」제3권의 시구를 패러디한 것이라고 평가한다. 「엔디미온」은 그리스 신화에 나오는 양치기 미소년(美少年)이다. 달의 여신 셀레네가 누구의 방해도 받지 않고 그의 아름다움을 즐기려고 영원히 잠들게 하였다고 한다. 참고로, 키츠는 낭만파 시 운동을 전개한 대표적 시인으로, 탐미주의적 예술지상주의를 추구하였다. 작품에 「엔디미온」외에 「나이팅게일에게 부침」, 「가을에」 등이 있다.

　이 작품에 대해, "아침 햇살이 (엎질러진 보석)처럼 아름답다는 것이 아니라, 거기에서 받아들인 별도의 관념으로써 (엎질러진 보석)이 작자의 내부에 결정(結晶)된 것이다. 이것은 아침 정경의 상징이 아니다. 거기에서 추상된 미의 세계다."(伊藤信吉, 1954, 『現代詩の鑑賞(下)』, 新潮社, p.383)는 일본의 저명한 평론가의 한 사람인 이토 신키치(伊藤信吉,

1906-2002)의 평석에 주목하여 시를 몇 번 읽다 보면, 그 의미가 더 심오하게 다가올 듯.

한편, 같은 시집에 실린 「카프리의 목인(カプリの牧人)」에서는 시의 화자가 목자가 되어 목자의 생각으로 시를 쓰고 있다.

봄날 아침에도
내 시칠리아의 파이프는 가을 소리가 난다
몇천 년의 추억을 더듬어

「**카프리의 목인**」 **전문**

春の朝でも/ 我がシゝリヤのパイプは秋の音がする/ 幾千年の思ひをたどり

「**カプリの牧人**」**全文**

시의 제목 '카프리의 목인'에서 목인은 목장에서 소, 말, 양 따위를 돌보며 키우는 사람, 즉, 목자나 양치기를 뜻한다. 시의 화자는 목자. 현실의 계절은 봄이다. 거기에 그 옛날에 대한 추억이 더해진다. 시칠리아의 파이프가 가을 소리를 내는 것은 그 때문이다. 이 시를 읽는 독자도 그렇게 감상하는 것이 좋겠다. 즉, 현재의 계절감과 과거의 생각이 혼재하여 불가사의한 소리가 된다. 그것이 파이프의 기능이다.

시인에게 상상력을 제공한 카프리는 이탈리아 남부, 나폴리만에 있는 지중해의 섬으로 여러 신화를 낳은 곳이다. 시의 2행에 나오는 '시칠리아'는 이탈리아반도 서남의 지중해에 위치하는 지중해 최대의 섬이다.

준자부로에게 현실과 꿈이 이어지는 듯한 생각은 이 시집에 실린 「눈(眼)」에서도 엿볼 수 있다.

> 하얀 파도가 머리에 튀어오는 7월에
> 남쪽의 고운 고을을 지난다
> 조용한 뜰이 나그네를 위하여 잠들어 있다
> 장미에다 모래에다 물
> 장미에 희미해지는 마음
> 돌에 새겨진 머리칼
> 돌에 새겨진 소리
> 돌에 새겨진 눈은 영원히 눈 뜬다
>
> 「눈」전문

> 白い波が頭へとびかゝつてくる七月に/ 南方の奇麗な町をすぎる/ 静かな庭が旅人のために眠つてゐる/ 薔薇に砂に水/ 薔薇に霞む心/ 石に刻まれた髪/ 石に刻まれた音/ 石に刻まれた眼は永遠に開く
>
> 「眼」全文

이 작품의 시간적 배경은 7월. 공간적 배경은 남쪽의 어느 고운 고을. 시인은 여기에서 현실과 꿈이 서로 이어지며 흐르는 듯한 나그네의 기억으로 작품을 꾸리고 있다.

7월의 어느 날, "하얀 파도가 머리에 튀어오"르는 듯하고, 남쪽의 고운 거리에는 조용한 뜰이 있고, 거기에는 또 장미와 모래와 물이 있다. 석상도 있다. 시에 등장하는 돌은 석상을 의미한다. 거기에 새겨진 머리칼, 소리와 같은 기억이 소환되는데, 석상에 새겨진 눈은 마치 살아 있는 것처럼 움직이는 것으로 다가온다. 나그네의 기억이 눈에 이르러 생명력을 얻는 듯한 느낌이다. 나그네의 기억은 이 눈에 집중되어, "영원히 눈"뜨는 것으로 작용한다. 영원히 눈뜨고 있는 석상의 눈과 정처 없이 걷고 있는 나그네의 마음, 이 양자가 빚어 내는 쓸쓸한 분위기가 대조를 이루고 있다.

그럼, 이 시에 나타난 '나그네'는 별도의 제목으로 이루어진 「나그네(旅人)」라는 시에서는 어떻게 나타날까.

    너 신경질적인 나그네여
    너의 똥은 흘러, 아일랜드해
    북해, 아틀란티스, 지중해를 더럽혔다
    너는 너의 마을로 돌아가라
    고향의 벼랑을 축복하라
    그 벌거숭이 흙은 너의 새벽이다
    으름덩굴 열매는 너의 영혼처럼
    여름 내내 드리워져 있다

「나그네」 전문

    汝カンシャクもちの旅人よ/ 汝の糞は流れて　ヒベルニャの海/ 北海 アトランチス 地中海を汚した/ 汝は汝の村へ帰れ/ 鄕里の崖を

祝福せよ/ その裸の土は汝の夜明だ/ あけびの實は汝の靈魂の如く/
夏中ぶらさがっている

「旅人」全文

이 시는 유럽을 여행하여 피로하고 우울해졌으며 짜증이 난 나그네가 향수를 묘사한 것이다. 살아가면서 똥을 누었다는 것도 지금은 쓸쓸한 추억이다. 나그네는 자신의 마음을 나그네에게 말하는 것이다. 이제 고국의 너의 마을로 돌아가고 싶다. 그리고 느긋하게 고향 마을의 벼랑이라도 바라보고 싶다. 그곳의 벌거숭이 흙을 보면, 너의 마음은 또 새벽이 될 것이다. 거기에는 으름덩굴 열매가 잊고 있었던 너의 혼처럼 드리워져 있는 것이라고 희미하게 회상하며, 여행에서 오는 짜증을 위로하고 있다. 3행에 나오는 "아틀란티스"는 대서양에 있었다고 일컬어지는 전설의 섬이다.

지금까지 살펴본 것처럼, 『Ambarvalia』 4편의 시 「날씨」, 「카프리의 목인」, 「눈」, 「나그네」는 현실과 꿈을 이어주는 듯한 나그네의 기억이 중심축을 이루고 있다는 것을 알 수 있다. 그럼, '나그네'라는 시어는 그의 두 번째 시집 『나그네는 돌아오지 않는다』에서는 어떤 모습으로 그려질까.

시집 『나그네는 돌아오지 않는다』 읽기:
나그네는 자신이 살고 있는 삶의 방식에서 생각하는
나그네가 아니라 '사념(思念)'에 가깝다

니시와키 준자부로의 또 하나의 대표 시집으로 평가받는 『나그네는 돌아오지 않는다(旅人かへらず)』는 1947년 도쿄출판사에서 간행된 것이다. 준자부로는 영국에서 귀국한 1925년, 귀국 후의 첫 번째 작품인 「실낙원(失樂園)」을 첫 번째 시집 『Ambarvalia』에 수록하였지만, 패전의 해인 1945년까지는 그다지 작품을 발표하고 있지는 않다. 이 시집은 전쟁 중에 구상되었다가 전후에 쓰인 것이다. 귀국에서 전쟁에 이르는 십몇 년 동안은 주로 일본 근대파의 지도자로서 또한 이론가로서 『초현실주의 시론』 외에 많은 시론을 썼다.

『Ambarvalia』에서 이 시집에 이르는 약 14년 동안의 시상의 변화는 작품의 내용으로도 형식상으로도 크게 나타나고 있다. 이 점은 분명해 보인다. 우선 이 시집에 실린 작품들의 외형적 특징은 별도의 제목 없이 쓰였다는 것이 눈에 띈다. 이런 형식의 시가 168개나 수록되어 있다. 역시 시집에 가장 먼저 수록된 작품부터 읽으며 시의 속살을 들여다보자. 작품은 편의상 수록된 순서에 따라 숫자를 붙인다.

    나그네는 기다려라
    이 희미한 샘에
    혀를 적시기 전에
    생각하라 인생의 나그네

너 또한 바위 사이에서 스며 나온

물의 넋에 지나지 않는다

이 생각하는 물도 영겁(永劫)으로는 흐르지 않는다

영겁의 어느 한때에 말라버린다

아아 어치가 울어 시끄럽다

가끔 이 물속에서

꽃을 장식한 환영(幻影)의 사람이 나온다

영원의 생명을 구하는 것은 꿈

흘러가 버리는 생명의 얕은 여울에

생각을 버리고 드디어

영겁의 낭떠러지에서 떨어져

사라지려고 바라는 것은 현실

그렇게 말하는 것은 이 환영의 동물

마을이나 거리로 물에서 나와 놀러 오는

뜬구름의 그림자에 수초가 자라는 무렵

「나그네는 돌아오지 않는다 1」 전문

旅人は待てよ/ このかすかな泉に/ 舌を濡らす前に/ 考へよ人生の旅人/ 汝もまた岩間からしみ出た/ 水霊にすぎない/ この考へる水も永劫には流れない/ 永劫の或時にひからびる/ああかけすが鳴いてやかましい/ 時々この水の中から/ 花をかざした幻影の人が出る/ 永遠の生命を求めるは夢/ 流れ去る生命のせせらぎに/ 思ひを捨て遂に/ 永劫の断崖より落ちて/ 消え失せんと望むはうつつ/ さう言ふはこ

の幻影の河童/ 村や町へ水から出て遊びに来る/ 浮雲の影に水草のの
びる頃

「旅人かへらず 1」全文

우선, 시를 읽다 보면 시가 어렵다는 느낌을 가질 수 있을 것이다. "나그네는 기다려라"고 하는 명령형으로 시작하는 작품은 금세 "생각하라 인생의 나그네"(3행)에서도 또 하나의 명령형 표현을 만난다. 그래서 과연 '나그네는 누구일까'에서 많은 생각을 하게 된다. 이것은 어느 영원의 의식의 비유이며 형용이다. 자신이 살고 있는 삶의 방식을 "인생의 나그네"라고 한 것은 아니다. 이 나그네는 '사념(思念)'에 가깝다. 화자는 무한으로 계속되어 가는 사념의 모습을 생각하고 있는 것이다. 그렇게 파악하고 시를 이해해야 한다.

이 시에서 주목할 곳은 "꽃을 장식한 환영(幻影)의 사람이 나온다"는 10행이다. 여기에서 "환영(幻影)의 사람"은 화자 자신의 영원의 감각이다. 자신의 육체 속에 살고 있고, 기회가 있을 때마다 의식의 표면으로 나타난다. 그것이 의식의 표면으로 나타날 때, 화자는 하나의 풀, 하나의 과일, 나무줄기나 풀의 산들거림이 되어, 어느 무한의 향수와 함께 친근한 말을 듣는다. 그것은 곧 자연을 영원의 시간 속에 파악하는 감각이다. 인간의 아득한 원초의 기억이나 혹은 원초의 경험의 작용이다.

따라서 이 "환영(幻影)의 사람"을 구체적으로 나타낼 수는 없지만, 그것이 생활 내면의 새로운 존재를 끊임없이 발견하게 한다. 어떤 사람은 이것을 인간의 선험적(先驗的) 기억이라고 하지만, 이 시의 화자는 그것을 "환영(幻影)의 사람"이라고 부르고 있다. 참고로 17행의 "동물"이라고 번역한 것의 일본어 원문은 '갓파(河童)'다. 갓파는 물속에 산다는 어린애 모양을 한 상상의 동물이다. 그래서 그것을 필자는 동물이라고 번역했음을 알려 둔다.

이 "환영(幻影)의 사람"에 대해서, 『나그네는 돌아오지 않는다』의 서문에는 다음과 같은 문장이 있다. 시를 이해하는 데 도움이 될 것이다. 번역하여 인용한다.

자신의 속에는 여러 인간이 잠재한다. 먼저, 근대인과 원시인이 있다. 그렇지만 자신 속에도 한 인간이 잠재한다. 이것은 생명의 신비, 우주 영겁의 신비에 속하는 것인지, 통상의 이지(理智)나 정념(情念)으로는 해결할 수 없는 잘 납득이 되지 않는 인간이 있다. 이것을 자신은 환영(幻影)의 사람이라고 부르고, 또 영겁의 나그네라고도 생각한다. 이 환영의 사람은 자신의 어느 순간에 왔다가 또 사라져 간다. 이 인간은 원시인 이전의 인간에게 기적적으로 남아 있는 추억일 것이다. 영겁의 세계에 보다 가까운 인간의 추억일 것이다. (중략)

따라서 이 작품에서 "나그네는 기다려라"에 나오는 나그네와 "꽃을 장식한 환영(幻影)의 사람"은 이와 같은 영겁에서 이어받은 오랜 기억에서 소환되어, 그들 존재와 언어를 주고받은 것이다. 그렇게 읽어내야 시인 준자부로의 시 세계로 접어들 수 있을 것이다.

시집의 마지막 작품인 「나그네는 돌아오지 않는다 168」에도 역시 "영겁의 사람", "영겁의 나그네" 같은 시어가 등장한다. 다음은 그 전문.

영겁의 뿌리에 닿아

마음의 메추라기 우는

장미꽃 흐드러지게 핀 들 끝

다듬이 소리 나는 마을

나뭇길 지나가는 동네

흰 벽 무너지는 거리를 지나

길가의 절간에 들어

만다라의 직물(織物)에 빌고

마른 가지의 산의 무너짐을 넘어

수초 길게 비치는 나루터를 건너

풀의 열매가 고개 숙이는 덤불을 지나

환영(幻影)의 사람은 간다

영겁의 나그네는 돌아오지 않는다

「나그네는 돌아오지 않는다 168」 전문

永劫の根に触れ/ 心の鶉の鳴く/ 野ばらの乱れ咲く野末/ 砧の音する村/ 樵路の横ぎる里/ 白壁のくづるる町を過ぎ/ 路傍の寺に立寄り/ 曼陀羅の織物を拝み/ 枯れ枝の山のくづれを越え/水茎の長く映る渡しをわたり/ 草の実のさがる藪を通り/ 幻影の人は去る/ 永劫の旅人は帰らず

「旅人かへらず 168」全文

"환영(幻影)의 사람"(12행)은 역시 자연의 공간과 시간을 통해서 시인을 인도하며, 쓸쓸하게 만들어놓고서는 영겁의 저편으로 사라져 가는 역할을 하고 있다. 이 작품에서는 어느 한 구절을 읽어도 시가 아닌 곳은 하나도 없고, 모두 다 시적인 기능을 하고 있다. 그것은 이 시인의 의식이 모든 존재에 닿아 작동하고 있다는 증거일 것이다.

이 시집 '나그네는 돌아오지 않는다'는 제목은 셰익스피어의 「햄릿」 제3막 제1장에 있는 독백 속의 'No traveller returns'의 패러디일 것이라는 시인이며 영문학자인 안도 이치로(安藤一郎, 1907-1972)의 말에도 귀를 기울이면 시의 독해에 도움이 된다.

그렇게 이 작품을 이해하면서 시를 몇 번 더 읽어 보기 바란다. 그런 생각으로 이 시집에 나오는 시 몇 편을 더 읽고 그 깊이를 받아들이면 될 듯. 이하 인용하는 시는 평석을 생략한다.

창에
희미한 불빛이 켜지는
사람 사는 세상의 쓸쓸함

「나그네는 돌아오지 않는다 2」 전문

窓に/ うす明かりのつく/ 人の世の淋しさ

「旅人かへらず 2」全文

자연 세상의 쓸쓸함이여
수면의 쓸쓸함이여

「나그네는 돌아오지 않는다 3」 전문

自然の世の淋しき/ 睡眠の淋しき

「旅人かへらず3」全文

딱딱한 뜰

「나그네는 돌아오지 않는다 4」 전문

かたい庭

「旅人かへらず 4」全文

거지덩굴이여

-「나그네는 돌아오지 않는다 5」 전문

やぶがらし

「旅人かへらず 5」全文

어린잎의 마을
입술연지의 세계
시드는
빛이 바랜
연분홍의
요염한 생각
환영(幻影)의 사람의
슬프고도 슬픈

「나그네는 돌아오지 않는다 166」 전문

若葉の里/ 紅べにの世界/ 哀へる/ 色あせた/ とき色の/ なまめき
たる思ひ/ 幻影の人の/ かなしげなる

「旅人かへらず 166」全文

마무리 글

　이 글에서 다룬 니시와키 준자부로의 시집은 『Ambarvalia』와 『나그네는 돌아오지 않는다』의 두 권이었다. 물론, 시인의 다른 시집의 품격이 높지 않다는 뜻은 결코 아니다. 지면 관계상, 두 권에 집중하였기 때문이다.

　지금까지 살펴본 것처럼, 『Ambarvalia』에 실린 4편의 시 「날씨」, 「카프리의 목인」, 「눈」, 「나그네」에는 마치 현실과 꿈의 세계를 이어주는 듯한 나그네의 기억이 중심축을 이루고 있다는 것을 알 수 있었다. 그리고 『나그네는 돌아오지 않는다』의 앞에 배치된 작품 「나그네는 돌아오지 않는다 1」, 「나그네는 돌아오지 않는다 2」, 「나그네는 돌아오지 않는다 3」, 「나그네는 돌아오지 않는다 4」, 「나그네는 돌아오지 않는다 5」와 마지막 배치된 작품 「나그네는 돌아오지 않는다 166」, 「나그네는 돌아오지 않는다 168」에 등장하는 '나그네'는 자신이 살고 있는 삶의 방식에서 생각하는 그런 나그네가 아니었다. '사념(思念)'에 가까운 것이었다. '환영(幻影)의 사람' 또한 영겁에서 이어받은 오랜 기억에서 소환되어 그들 존재와 언어를 주고받는 존재였다. 준자부로는 이러한 시작 활동과 많은 저작을 통해 당시 매너리즘에 빠져 있던 구 시단과 프롤레타리아 시파에 대항해서 새로운 시의 형성과 방법론을 제시하며 일본에 주지주의 시 보급에 앞장선 인물이었고 지도자였다.

끝으로, 1930년대 및 그 이후에 한국에 수입되고 보급된 주지주의 시와 그 계열의 문인들인 최재서, 백낙원, 김기림, 박인환, 김경린, 김수영 같은 작가들에게 미친 영향과 상호 관련성 등을 이해하고 연구하는 데 도움이 된다면 이 글의 몫은 충분하다.

다나카 후유지
田中冬二

한국의 백석 시인에게 영향을 준 일본 시인

다나카 후유지의 시

― 시집 『푸른 밤길(靑い夜道)』을 중심으로

다나카 후유지(田中冬二), 그는 누구인가

'향수의 시인'으로 일본인에게 각별한 사랑을 받고 있다

다나카 후유지(田中冬二, 1894-1980, 이하 '후유지'라 함)는 지금까지 필자가 다루었거나 앞으로 다룰 시마자키 도손(島崎藤村, 1872-1943), 기타하라 하쿠슈(北原白秋, 1885-1942), 하기와라 사쿠타로(萩原朔太郎, 1886-1942), 니시와키 준자부로(西脇順三郎, 1894-1982), 미요시 다쓰지(三好達治, 1900-1964)와 같은 일본 근현대를 대표하는 시인들과 비교해서 '문학사적 의미 부여'라는 시각에서 보면, 그 무게감이 다소 떨어질 수는 있다. 그러나 만약 일본인을 대상으로 '어느 시인을 좋아하는가'라는 설문조사가 있다면, 단연 선두권 순위에 자리 잡을 것이다. 많은 독자를 확보하고 인기 있는 시인이라는 뜻이다.

그럼, 후유지가 일본인으로부터 사랑받는 이유는 무엇일까. 무엇보다 그는 '향수'를 주제로 하거나 그와 관련된 것을 소재로 하여, '자연이나 생활에 바탕을 둔 시작(試作)'에 천착해 왔다는 사실이다. 그러한 시편들을 양산했다는 점에 주목해야 한다. 그가 시를 쓰기 시작할 무렵 여러 시인이 현대적 감각의 시를 써왔던 것에 비해, 후유지는 시대의 변화라는 거친 파도에도 휩쓸리지 않을 만큼의 소박하고 검소한 작품으로 일관했다. 물론 그러한 성격의 시에는 시인으로서의 섬세한 감각과 함께 영속적인 신선함과 견고함이 굳게 자리 잡고 있다.

그가 문단으로부터 주목을 받은 것은 35세 때인 1929년. 첫 시집 『푸른 밤길(青い夜道)』(第一書房)의 간행에서 비롯된다. 이 시집은 후에 그의 대표 시집이 되었다. 작가인 요시유키 준노스케(吉行淳之介, 1924-1994)가 그를 가리켜 '푸른 밤길의 시인'이라고 할 만큼 이 시집은 그때나 지금이나 그를 상징하는 시집으로 유명하다. 또 한 명의 걸출한 시인 미요시 다쓰지(三好達治, 1900-1964)의 첫 시집인 『측량선(測量船)』 출간(1930)보다는 1년이 앞선다. 당시의 유명한 시 잡지 《시와 시론(詩と詩論)》과도 교류를 가졌고, 《사계(四季)》 동인으로 참가하기도 하였으며, 시작 외에 산문이나 하이쿠(俳句)도 썼다.

문학적 업적과 생애

다나카 후유지는 1894년 후쿠시마시(福島市) 태생이다. 그와 동년배 시인으로는 니시와키 준자부로가 있다. 본명은 다나카 기치노스케(田中吉之助). 우선, 그의 이력에서 눈에 띄는 대목은 은행원으로 살아왔다는 점이다.

  7살 때 은행원이었던 아버지가, 12살 때는 어머니가 병사하자, 상경하여 외삼촌 밑에서 엄하게 양육 받았다. 구제 릿쿄중학교(旧制立教中学校, 현재 릿쿄고교(立教高校))에 입학하였다. 이때부터 문학에 흥미를 가졌다고 기록되어 있다. 문예 잡지 《문장세계(文章世界)》나 단가 잡지 《아라라기(アララギ)》에도 투고하였다. 특히, 18세 때인 1912년에 《문장세계》에 투고한 단문이 특선으로 뽑혔는데, 이때 비로소 '다나카 후유지'라는 필명을 사용하였다고 한다. 구제 릿쿄중학교를 졸업하고 야스다은행(安田銀行, 현재의 후지은행)에 근무하는 한편, 시작을 병행하였다. 와세다대학 영문과 진학의 뜻을 이루지는 못하였다. 줄곧 은행원으로 근무하면서 나가노(長野)에는 특별한 애정을 갖고 아버지의 고향 도야마현 구로베(富山県 黒部) 등을 여행하기도 했다. 55세 때인 1949년 은행원으로 퇴직하였다.

  은행원으로 살면서 생전에 『푸른 밤길』을 비롯해 18권이나 되는 시집을 출간하는 등 왕성한 작품 활동을 하였다. 77세 때인 1971년에 '일본 현대시인회' 회장이 되었으며, 83세(1977년)에 훈장인 자수보장(紫綬褒章)을 받기도 하였다. 영면에 들어간 것은 86세 때인 1980년. 『다나나 후유지 전집(田中冬二全集)』 전 3권(1984-1985, 筑摩書房)은 그의 사후에 간행된 것이다.

다나카 후유지와 백석 시인과의 영향 관계를 둘러싸고

일본을 대표하는 '향수의 시인'으로서의 시적 매력과 함께 한국인이 다나카 후유지에 관심을 가져야 하는 또 하나의 이유는 그와 백석 시인과의 영향 관계 때문일 것이다. 다음의 문장을 읽어 보자.

백석의 시가 일본 시인 다나카 후유지[田中冬二](1894-1980)의 영향을 받았다는 주장이 제기된 바 있다.(오양호, 백석, 한길사, 2008, 199-210쪽) 이 주장은 서정주가 제자에게 "백석을 알려면 일본의 다나카 후유지를 알아야 해"라고 했다는 개인적 발언이 전해져 두 시인의 작품을 비교하면서 제기된 것이다. 이 주장이 발설된 후 아무도 관심을 기울이지 않았는데, 최근 유종호 교수의 글에 유사한 내용이 언급되고 있어서(유종호, 「상호텍스트성의 현장」, 《문학수첩》, 2011년 여름호, 193-205쪽) 사실 관계를 분명히 해 둘 필요가 있다. 정지용의 「향수」가 트럼블 스티크니(Joseph Trumbull Stickney)의 「추억」을 모방했다는 주장은 김욱동 교수와 유종호 교수에 의해 잘못된 점이 정리가 되었거니와 백석의 다나카 후유지 영향설에 대해서는 조금 더 신중한 접근이 필요하다.

유종호 교수는 다나카 후유지의 전기시와 백석의 초기시를 비교 검토한 후 "이러한 여러 친연성이나 상황 증거로 보아 청년기의 백석이 다나카 후유지를 좋아하고 그의 시에서 발상을 얻은 경우도 있다는 것은 확언해도 좋을 것이다."라고 말했다. 그러나 이러한 영향이 흠이 되는 것은 아니고 백석이 이 단계를 넘어서서 "많은 변모와 뚜렷한 성장의 궤적을"

보여 준 점을 중시해야 한다고 말했다. "백석을 20세기 한국시의 정상부로 끌어올린 것은 후기시편"이며, 젊은 백석이 습작기에 다나카의 영향을 받았다는 것은 "통과 의례상의 한 삽화에 지나지 않는다"고 보고 "그런 의미에서 〈사슴〉은 후기 백석의 시적 성취에 이르는 견습 과정이라고 보아도 크게 잘못은 아닐 것"이라는 말을 덧붙였다. 이러한 사실과 해석에 대해서는 좀 더 객관적인 고찰이 필요할 것이다. 그러면서도 나는 최근 전개되고 있는 백석에 대한 과도한 확대 해석의 경향에 이러한 지적이 경계의 지표로 작용했으면 하는 마음이 있다. 백석의 시에 "미숙하고 되다 만 작품도 허다하다"는 유종호 교수의 말에 어느 정도 동의하기 때문이다.(이숭원, 「백석 시 연구의 현황과 전망」, 『한국시학연구』34, 2012, 112-114쪽)

백석 연구 전문가인 문학평론가 이숭원 교수의 글이다. 두 사람의 영향 관계나 그것을 둘러싼 담론의 중요한 줄기를 파악할 수 있다는 점에서 주목할 만하다. 특히, "이러한 여러 친연성이나 상황 증거로 보아 청년기의 백석이 다나카 후유지를 좋아하고 그의 시에서 발상을 얻은 경우도 있다는 것은 확언해도 좋을 것이다."와 "백석을 20세기 한국시의 정상부로 끌어올린 것은 후기 시편"이며, 젊은 백석이 습작기에 다나카의 영향을 받았다는 것은 "통과 의례상의 한 삽화에 지나지 않는다"는 문장을 곱씹어 읽는다. 필자도 기본적으로 그런 시각을 견지한다는 뜻이다.

이 글에서도 그의 많은 작품에서 첫 번째 시집인 『푸른 밤길(青い夜道)』에 실린 시편들에 집중하여 모두 9편을 소개한다. 시 「푸른 밤길(青い夜

道)」,「고향에서(ふるさとにて)」,「칡꽃(くずの花)」,「진눈깨비 내리는 조그마한 거리(みぞれのする小さな町)」,「닭장(鷄小屋)」,「가을밤(秋の夜)」,「접시(皿)」,「지붕에 붓꽃이 핀 집(家根に鳶尾科の花の咲いた家)」,「마을(村)」이 바로 그것이다. 앞서 언급한 대로, 이 시집은 당시 문단에서 주목을 받으며, 당대의 문학인들로부터 '푸른 밤길의 시인'이라는 평가라는 호평이 있었기 때문이며, 그것이 백석을 비롯한 한국의 시인들에게도 영향을 주었을 것이라는 생각을 해볼 수 있기 때문이다. 오로지 작품을 바탕으로 한 후유지와 백석의 영향 관계를 밝혔으면 하는 것이 필자의 생각이다. 그렇게 도움이 된다면, 이 글의 몫은 충분하리라.

시집 『푸른 밤길』 읽기

『푸른 밤길(靑い夜道)』은 어떤 성격을 갖는 시집일까. 시집은 사계절의 변화와 산촌의 일상생활이 향수를 품고서 시적 매력을 발산하고 있다. 총 88편의 시가 실려 있다. 시집의 성격을 크게 세 가지로 분류한다면, '어린 시절을 보낸 엣추(越中)를 향한 그리움', '시인의 쓸쓸한 심경', 그리고 '전원(田園)을 노래하는 시편'으로 요약할 수 있으리라.

이 글이 시집의 성격을 크게 세 가지로 분류하여 각각의 시편에 평석을 붙인 것은 한국인 독자들에게 그의 시를 쉽게 이해시키기 위한 생각에서 비롯된 것이다. 시집 전체로 보면, 후유지의 시편들은 사계절의 변화와 산촌의 일상생활을 그리고 있다.

「푸른 밤길」, 「고향에서」, 「칡꽃」, 「진눈깨비 내리는 조그마한 거리」에 나타난 '어린 시절을 보낸 엣추(越中), 그리고 그리움'

먼저, '어린 시절을 보낸 엣추를 향한 그리움'이 묻어나는 작품부터 읽어 보기로 한다. 엣추는 현재의 도야마현(富山県)에 있는 지명으로, 후유지의 아버지 고향으로 알려져 있다. 「푸른 밤길(青い夜道)」을 인용한다.

가득 찬 별이다
어두운 밤길은
성운(星雲) 속으로라도 들어갈 것만 같다
먼 마을은
푸른 미림주를 뒤집어쓰고 있다

부엉 부우엉 부엉

읍내에서 고친 시계를
보자기에 짊어진 소년이 걸어간다

부엉 부우엉 부엉……

소년은 생명체를 짊어지고 있는 듯 쓸쓸하다

부엉부엉 부우엉 부엉……

졸고 있는 별이
물기를 잉태하고 내려온다
너무나 별이 많아서
하얀 곡물창고 있는 마을로 가는 길을 잘못 들 것 같다

「푸른 밤길」 전문

いつぱいの星だ/ くらい夜みちは/ 星雲の中へでもはひりさうだ/ とほい村は/ 青いあられ酒を あびてゐる// ぼむ ぼうむ ぼむ// 町で修繕した時計を/ 風呂敷包に背負つた少年がゆく/ ぼむ ぼむ ぼうむ ぼむ……// 少年は生きものを背負つてるやうにさびしい// ぼむ ぼむ ぼむ ぼうむ……// ねむくなつた星が/ 水気を孕んで下りてくる/ あんまり星がたくさんなので/ 白い穀倉のある村への路を迷ひさうだ

「青い夜道」全文

이 작품의 바탕에는 유년에 겪었던 시골 생활에 대한 그리움이 흐르고 있다. 쓸쓸한 분위기가 빚어지고 있는 것은 그 때문이다. 시집의 제목이 '푸른 밤길'이니까 이 시는 이 시집의 표제작이 되는 셈. "미림주"(1연 5행)라고 번역한 시어 "あられ酒"는 찹쌀가루가 완전히 녹지 않게 섞여 있는 조미료로 쓰는 달콤한 술의 일종이다.

전체 7연으로 구성된 이 시편에서 첫째 연 "가득 찬 별이다/ 어두운

밤길"(1, 2행)은 시의 시간적·공간적 배경을 제시한 곳. 심부름으로 읍내에 시계를 고치러 간 소년에게 별로 가득 찬 하늘이 비쳐 주는 밤길은 "생명체를 짊어지고 있는 듯 쓸쓸"(5연)한 풍경으로 다가온다. 밤길은 자연스레 푸른 빛을 띠는 공간이 된다. 그리고 "부엉 부우엉 부엉……" 하는 소리에 주목해 보면, 부엉이 소리의 반복(2연, 4연, 6연)은 수리한 시계가 그 주체가 된다. 이 부엉이 소리의 되풀이는 시의 청각적 효과에 기여하며, 동시에 소년의 고독한 마음을 울리는 것에도 반응한다. 그것이 읽는 이에게 그 시절의 추억을 생생하게 전하는 듯하다.

그리고 "먼 마을은/ 푸른 미림주를 뒤집어쓰고 있다"(1연 4행, 5행)와 "졸고 있는 별이 물기를 잉태하고 내려온다"(7연 1행, 2행)는 왜 이 시가 '푸른 밤길'인가를 설명하는 것으로, 주저 없이 이 작품을 가편이라고 평가하고 싶은 대목이다, 마지막의 "하얀 곡물창고 있는 마을로 가는 길을 잘못 들 것 같"(7연 4행)은 이유가 "너무나 별이 많아서"(7연 3행)라니. 이 표현에도 시인의 뛰어난 시적 역량이 유감없이 발휘되고 있다. 시가 품고 있는 여운이 짙게 밀려온다.

시골에서 어린 시절을 보냈던 화자의 추억이 푸른 밤길로 소환된 작품이다. 이 작품은 후유지의 초기작의 하나로, 일본 중학교 국어 교과서에도 실렸을 만큼 독자들에게 널리 읽히고 있다.

후유지의 시골 생활에 대한 그리움은 「고향에서(ふるさとにて)」도 유사한 이미지로 그려진다.

　　말린 가자미 굽는 냄새가 나는

고향 마을의 쓸쓸한 점심때다

판자 지붕에
돌을 얹어놓은 집들
희미하게 말린 가자미 굽는 냄새가 나는
고향 마을의 쓸쓸한 점심때다

텅 빈 하얀 가로(街路)를
설빙(雪氷)을 파는 행상인이 홀로 걸어가고 있다

소년 시절 고향 엣추(越中)에서
「고향에서」 전문

ほしがれひをやくにほひがする/ ふるさとのさびしいひるめし時だ// 板屋根に/ 石をのせた家々/ ほそぼそと ほしがれひをやくにほひがする/ ふるさとのさびしいひるめし時だ// がらんとしたしろい街道を/ 山の雪売りがひとりあるいてゐる

少年の日郷土越中にて
「ふるさとにて」全文

이 시는 이 시집의 대표작으로 평가받고 있는 동시에, 후유지의 전 작품에서도 굴지의 작품으로도 그 이름이 높다. 시어 "말린 가자미"가 이끌고 있는 정서에다 주로 5음이나 7음을 가진 전통적인 일본 음수율이 리듬감을 빚어 내며 시의 품격에 일조하고 있다.

시의 말미에 붙은 "소년 시절 고향 엣추(越中)에서(少年の日郷土越中にて)"라는 것을 참고해서 읽으면, 소년 시절을 떠올리는 그리움이 그 바탕이다. 유년을 이곳에서 보낸 시인에게 엣추는 "말린 가자미 굽는 냄새가 나"(1연 1행, 2연 3행)는 곳이며, "판자 지붕에/ 돌을 얹어놓은 집들"(2연 1행, 2행)과 "텅 빈 하얀 가로(街路)"(3연 1행)가 펼쳐진 가난하면서도 조용한 분위기의 마을이다. 그렇게 기억되고 있다. "텅 빈"은 이곳이 사람이 별로 살지 않았다는 뜻으로 읽어야 할 듯.

그런 곳을 "설빙(雪氷)을 파는 행상인이 홀로 걸어가고 있다"(3연 2행). 여기서 필자가 고민을 거듭한 끝에 한국어로 번역한 "설빙(雪氷)을 파는 행상인"은 "겨울에 산에 쌓인 눈을 쌓아 두었다가 여름에 그것을 파는 사람을 가리키는 말이다."(『日本の詩歌 24 丸山薫 外4人』, 1968, 中央公論社, p.103). 역시 옛날을 회상하는 표현. 그 시절에는 냉장고가 없었기에, "설빙(雪氷)을 파는 행상인"이 그리웠을 것이다. 거기에 "말린 가자미 굽는 냄새가 나는/ 고향 마을의 쓸쓸한 점심때다"의 반복은 한여름인데도 햇빛이 부족하게 느껴지는 쓸쓸함과 허무함이 감지된다. 그것이 이 시의 지배적 정서다. 1928년 《판테온(パンテオン)》 제2호에 발표된 작품이다.

또 한 편의 시 「칡꽃(くずの花)」도 엣추가 공간적 배경이다. 칡꽃은 어떻게 그려지고 있을까.

할아범과 할멈이
말없이 온천탕에 들어가 있다
산골짜기 온천탕의 칡꽃

산골짜기 온천탕의 칡꽃

구로나기온천(黒薙温泉)
「칡꽃」전문

ぢぢいとばばあが/ だまって湯にはひってゐる/ 山の湯のくずの花/ 山の湯のくずの花

黒薙温泉
「くずの花」全文

이 짧은 4행의 시에 담긴 정조는 무념무상이 아닐까. 적요(寂寥)가 읽는 이의 가슴에 흐르는 듯하다. 시의 공간적 배경으로 제시한 구로나기온천(黒薙温泉)은 지금의 도야마현(富山県) 구로베시(黒部市)에 있는 온천을 가리킨다. 엣추는 현재의 도야마현 일대로 불교가 성한 곳이었다고 한다.

시인이 후에 밝힌 바에 따르면, "말없이"(2행)라는 시어에는 시에 등장하는 노부부가 온천탕에 들어가서 염불을 외웠지만, 그것을 생략한 채로 "말없이"(『日本の詩歌 24 丸山薫 外 4人』(1968), 中央公論社, p.104)라고 썼다고 한다. 즉, 염불 후의 마음의 안정을 나타낸 것. 그리고 이 부부는 조용히 지나간 일을 생각하고 있는 것이다. 한낮 동안에 피는 꽃이 칡꽃이다. 그래서 "산골짜기 온천탕의 칡꽃/ 산골짜기 온천탕의 칡꽃"의 반복은 지나간 일에 대한 것을 생각하는 두 사람을 가리키는 서술로 읽힌다. 그것을 나타낸다고 생각하고 몇 번 곱씹어 읽어 보면, 온천탕에 몸을 적시고 있는 노부부를 통해 무념무상이 시를 읽는 독자들에게

도 고스란히 전해지는 듯하다. 4행밖에 안 되는 작품이지만, 후유지의 시적 매력은 충분하다. 역시 지금도 자주 인용되는 후유지의 대표작의 하나로, 1928년 《판테온(パンテオン)》 제4호에 발표된 시다.

또 한 편의 시 「진눈깨비 내리는 조그마한 거리(みぞれのする小さな町)」에도 고향 마을인 산촌 거리와 그곳의 풍경이 소박하게 펼쳐진다.

> 진눈깨비 내리는 거리
> 산촌의 거리
> 멧돼지가 거꾸로 매달려 있다
> 멧돼지의 수염이 얼어 있다
> 그 수염에 얼어붙은 조그마한 거리
> 내 고향 산촌 거리여
> ---눈(雪) 밑에서 삼(麻)을 삶는다
>
> 「진눈깨비 내리는 조그마한 거리」 전문

> みぞれのする町/ 山の町/ ゐのししがさかさまにぶらさがつてゐる/ ゐのししのひげが こほつてゐる/ そのひげにごほりついた小さな町/ ふるさとの山の町よ/ ---雪の下に麻を煮る
>
> 「みぞれのする小さな町」全文

이 작품 역시 향수적인 시상(詩想)으로 꾸민 후유지의 대표작의 한 편으로 평가받는다. 유년의 추억이리라. 여타의 많은 작품처럼 마치 한 폭의 그림을 보는 듯하다. 시적 매력이 담긴 곳은 "거꾸로 매달"(3행)

린 "멧돼지의 수염이 얼어 있"(4행)고 "그 수염에 얼어붙은 조그마한 거리"(5행)일 것이다. 후유지가 직접적으로 고향이라는 말을 사용하지 않아도 일본의 전통적인 고향 마을의 풍경에 독자들은 반응한다. 이 작품도 그런 점에서 공감을 불러일으킨다.

산에서 잡힌 멧돼지와 눈 내리는 풍경에 삼을 삶는 모습은 당시의 전형적인 산촌의 풍경. 삼을 삶으며 생업에 종사하는 산촌 사람의 삶의 한 단면과 멧돼지 수염이 얼 정도의 겨울 추위가 이 시를 읽는 동안에도 고스란히 전해져 온다. 그의 시적 토대가 향수에 바탕을 두고 있음을 유추할 수 있는 시편이다. 이 시는 1929년 《판테온(パンテオン)》 제10호에 발표된 것이다.

한편, 후유지의 시집 『푸른 밤길』에는 시인의 슬픔 혹은 쓸쓸한 심경을 읽을 수 있는 시편들이 꽤 있다. 「닭장(鷄小屋)」, 「가을밤(秋の夜)」, 「접시(皿)」 등이 그것이다. 다음 장에서는 이들 작품을 통해 시인의 심경의 일단을 들여다보기로 한다.

「닭장」, 「가을밤」, 「접시」에 나타난
'화자의 쓸쓸한 심경'

먼저, 언급한 3편 중에서 읽어 볼 시는 「닭장(鷄小屋)」이다.

    이렇다 할 일 없이
    등불을 들고 닭장으로 가서 살핀다

가련한 닭들은

홰에

딱딱하고 둥근 모양으로 자고 있다

어두운 닭장 속을

가느다란 불빛은

흔들흔들 움직이고

쓸쓸한 생명체들은

작은 목숨을 잘 자게 해달라고 부탁하고 있다

나의 센티먼트는

불빛보다도 아름답고 따뜻하게

더러운 닭장 속을 방황하고 있다

그리고 나는 지금

가련한 닭들보다도

더 쓸쓸한 것을 갖고 있다

「닭장」 전문

　　なんといふことなとくや/ あかりをもって鶏屋へゆきのぞく/ あはれな鶏たちは/ とまり木に/ かたく まるくなってねてゐる/ くらい鶏屋の中を/ ほそいあかりは ゆたゆたとうごき/ さびしい生きものらは/ 小さないのちを よきねむりにたくしてゐる/ わたしの感傷は/ あかりよりも うるはしく あたたかく/ きたない鶏小屋の中をさまよってゐる/ そしてわたしはいま/ あわれな鶏たちよりも/ もっとさびしいものをもってゐる

「鶏小屋」全文

작품에 나타난 닭장 속의 닭들에 주목해서 읽으면, "홰에/ 딱딱하고 둥근 모양으로 자고 있"(4, 5행)고, "쓸쓸한 생명체들은/ 작은 목숨"(9, 10행)이라는 표현에 눈길이 간다. 또한, 시의 말미 "나는 지금/ 가련한 닭들보다도/ 더 쓸쓸한 것을 갖고 있다"(14행-16행)에 이르러 닭과 화자와의 일체감을 감지하게 한다. "그것은 곧 시인이 닭을 대하는 방식이나 사고를 알 수 있게 하는데, 의인법적으로 파악할 수도 있을 것이다."(村上隆彦(1990),「田中冬二詩集『青い夜道』私註(A)」,『佛教大学人文学部論集』24號, 佛教大学人文学部, p.35)

이 시가 발표될 무렵, 그는 은행원 생활을 하고 있었을 것이다. 혼자 객지에서 시골 생활을 하는 일상에서 어느 날 밤, 닭장 속을 살피는 시인의 모습이 떠오르는 듯하다. 자신의 존재를 생각하는 쓸쓸한 심경이 짙게 배어 있다. 그래서 "어두운 닭장 속을/ 가느다란 불빛은/ 흔들흔들 움직이고/ 쓸쓸한 생명체들은/ 작은 목숨을 잘 자게 해달라고 부탁하고 있다"(6행-10행)는 닭들의 편안한 수면을 바라는 시인의 마음을 등불로 나타낸 것으로 보인다. 즉, 이 시는 자신의 존재를 생각하며 쓸쓸한 심경을 노래한 것이다. 참고로, 시어 "센티먼트"(11행)는 원문에 '감상(感傷)'이라고 쓰여 있고 그 옆에 '센티멘트'라는 가타카나를 붙여 놓은 것을 필자가 '센티먼트'라고 옮겼다. 1929년《오르훼온(オルフエオン)》제4호에 발표한 것이다.

또 다른 시편「가을밤(秋の夜)」에도 시골집에서 펼쳐지는 밤의 쓸쓸함 혹은 적적함에서 오는 느낌이 전해져 온다.

이제 쌀쌀하고

등불 언저리에 벌레가 시끄럽고

나는 장지문을 닫는다

그렇게 하면 산적 같은 긴 머리가

커다랗게 비친다

나는

무척이나 차분하게

뜨거운 설탕물을 마시면서

늦게까지 글을 쓴다

오랫동안 넣어두었던 옷이

먼 옛날과 같은 냄새를 느끼게 한다

그리고 또 참 쓸쓸하여라

쥐엄나무 언저리 여인의 기침 소리가 들려온다

장지문을 열어 보니

아무 그림자도 없고

그저 적막할 뿐

궐련을 마는 엷은 은색 종이 같은

가을밤이 널찍하게 누워 있다

「가을밤」 전문

もう うすさむいし/ 灯のまわりに虫がうるさいし/ わたしは障子をしめる/ さうすると 長髪賊のやうなあたまが/ 大きくうつる/ わたしは/ たいへんおちついて/ 砂糖湯をのみながら/ おそくまで

かきものをする/ ながいことしまつておいた着物が/ とほいむかしのやうな匂ひをかんじさせる/ さうしてまた なんとさびしいことか/ 皀莢の木のあたり 女の咳がきこえる/ 障子をあけてみれば/ 誰のかげもなく/ ひつそりとして/ 巻煙草をつつむうすいぎん紙のやうな/ 秋の夜が ひろびろとねてゐる

「秋の夜」全文

작품을 곱씹어 읽어 보면, "먼 옛날과 같은 냄새를 느끼게 하"(11행)는 그리움이 짙게 묻어난다. 시의 공간적 배경은 시골집의 방. 화자는 장지문을 닫고 늦게까지 글을 쓰는 사람이다. 장지문 여닫이를 중심으로 시의 시점이 이동하고 있다. 화자의 모습을 옮긴 "산적 같은 긴 머리"(4행)와 가을밤을 직유법으로 묘사한 "궐련을 마는 엷은 은색 종이 같"(17행)다는 이 시의 품격에 중요한 기능을 담당하고 있다. 역시 한 편의 풍경화를 보는 것 같은 풍경에, "등불 언저리에 벌레가 시끄럽고"(2행), "쥐엄나무 언저리 여인의 기침 소리가 들려"(13행)오는 청각적 서술도 조화롭다. 이러한 요소들이 어우러져 이 작품은 수작으로 기억된다. 시는 1928년 《판테온(パンテオン)》 제8호에 발표된 것이다.

이 시집에 실린 작품 「접시(皿)」는 또 어떤 매력으로 읽힐까.

하얀 한 장의 접시를 보고 있는 것은 슬픈 일이다
거기에 계절의 과일이 등불처럼 수북하고
따뜻한 좋은 여성의 살이 넘치고
가난한 불빛의 나의 사상이 넘치고……

아아 한 장의

빈 접시를 조용히 바라보고 있는 것은

참으로 슬픈 일이다

「접시」 전문

しろい一枚の皿を見てゐることはかなしいことだ/ そこに季節の 果物が燈火のやうにもりあがり/ あたたいよい女性の肉があふれ/ まづしいみづいろのわたしの思想がみち……/ ああ一枚の/ からの 皿を　ぢつとながめてゐることは/ まことにかなしいことだ

「皿」全文

시에 나타난 하얀 접시는 일본 고유의 것이 아닌 서양식 접시다. 그런 접시에서 "따뜻한 좋은 여성의 살"(3행)을 생각하는 것은 근대적 취향의 표출로 봐도 무방할 듯. 또한, 그 접시에 수북하게 놓인 과일을 "등불처럼"(2행)이라는 비유로 나타낸 표현에 주목하면, 그 등불은 일본 고유의 등불이기에, 서양과 일본의 정서가 동시에 느껴진다. 그래서 "가난한 불빛의 나의 사상이 넘치"(4행)는 접시는 시인이 품고 있는 '정신의 존재'를 허락하는 생기 넘치는 사물이 된다. "슬픈 일"(7행)은 가엽다거나 불쌍하다는 말과 통하는 정감이다. 쓸쓸함을 뜻하는 것이다. 이 시편은 호리구치 다이가쿠(堀口大學, 1892-1981)나 노구치 요네지로(野口米次郎, 1875-1947)로부터 호평받은 작품이다.(『日本の詩歌 24 丸山薫 外 4人』(1968), 中央公論社, p.95) 시는 1929년 《오르훼온(オルフエオン)》 제10호에 발표한 것이다.

「지붕에 붓꽃이 핀 집」, 「마을」에 나타난 '전원(田園)적 풍경'

다나카 후유지의 시적 개성을 설명하는 용어의 하나는 전원시다. 시집 『푸른 밤길』이 그 단추를 끼우고 있다. 인용하는 「지붕에 붓꽃이 핀 집(家根に鳶尾科の花の咲いた家)」과 「마을(村)」에서 전원적 풍경을 살피기로 하자.

지붕에 붓꽃이 핀 집---
국수 면발을 널어 놓았다
하얀 나비가 많이 지붕을 넘나들고 있다

「지붕에 붓꽃이 핀 집」 전문

いちはつ家根に鳶尾科の花のさいた家/ 索麺の糸を晒してゐる/ しろい蝶がたくさん家根をこえてとんでゐる

「家根に鳶尾科の花の咲いた家」全文

염천(炎天)을
보리타작하고 있는 마을
아가씨들이여
밤이 되면 거리로 빙수 먹으로 가자

「마을」 전문

炎天を/ 麦打ちしてゐる/ 村娘たちよ/ 夜になったら町へ氷水をたべにゆかう

「村」全文

앞에 인용한 「지붕에 붓꽃이 핀 집」은 전체가 3행인 극히 짧은 작품이다. 시는 크게 보면, "지붕에 붓꽃이 핀 집"의 모습에 더하여, 그것을 선명하게 구체화하기 위해 "국수 면발을 널어 놓았"거나 "하얀 나비가 많이 지붕을 넘나"드는 것으로 구성된 것이다.

일본의 전형적인 시골 풍경과 삶이 어우러진 고유의 아름다움이 이 시의 매력이다, 거기에 가난이 조화롭게 스며들며 후유지 특유의 매력을 빚어 놓았다. 초여름 무렵이리라. '붓꽃이 핀 농가의 지붕이 국수 면발을 널어 놓았다'는 표현은 아무나 흉내 내기 어려운 것이다. 거기에 "하얀 나비가 많이 지붕을 넘나들고 있다"는 이 시가 신선하게 느껴지는 요인으로 작동하고 있다.

뒤에 인용한 「마을」은 우선, "염천(炎天)을/ 보리타작하고 있"다는 표현이 재미있다. 염천은 몹시 더운 날씨를 뜻하는 말. 시골 마을에서 벌어지는 보리타작하는 풍경과 함께 더운 여름밤 맛보는 빙수에 대한 느낌이 물씬 풍기는 전형적인 전원시(田園詩)다. 1929년 《오르훼온(オルフェオン)》 제5호에 발표한 것이다.

마무리 글

　이 글에서 다룬 다나카 후유지의 시는 「푸른 밤길」, 「고향에서」, 「칡꽃」, 「진눈깨비 내리는 조그마한 거리」, 「닭장」, 「가을밤」, 「접시」 「지붕에 붓꽃이 핀 집」, 「마을」로 모두 9편이었다. 후유지의 많은 작품에서 첫 시집 『푸른 밤길』에 실린 시편들이다. 그의 대표 시집으로 평가받는 이 시집을 텍스트로 삼은 것은 이들 시편이 그의 시를 설명하는 '향수'를 주제로 한 전원시의 성격과도 부합하였기 때문이다.
　그렇게 지금까지 9편의 작품들을 들여다본 생각을 정리하면 다음과 같다.
　먼저, 「푸른 밤길」, 「고향에서」, 「칡꽃」, 「진눈깨비 내리는 조그마한 거리」에는 시인이 유년을 보낸 옛추(越中)를 향한 그리움이 흐르고 있었다. 읍내로 시계 고치러 갔다 돌아오던 길은 「푸른 밤길」로, 말린 가자미 굽는 냄새와 판자 지붕에 돌을 얹어놓은 집들은 「고향에서」의 추억으로 각각 그려졌다. 산골짜기 온천탕의 「칡꽃」에는 염불 후의 마음의 안정을 나타내며 조용히 지나간 일을 생각하는 노부부에게서 무념무상이 읽혔으며, 「진눈깨비 내리는 조그마한 거리」에는 거꾸로 매달린 멧돼지의 수염과 그 수염에 얼어붙은 조그마한 거리가 향수를 자극하고 있었다.
　또한, 「닭장」, 「가을밤」, 「접시」에는 후유지의 일상에서 오는 슬픔 혹은 쓸쓸한 심경이 배여 있었다. 객지에서 은행원으로 근무하며 시골 생활을 하던 후유지에게 「닭장」 속의 닭은 시인의 모습을 투영한 쓸쓸함 혹은 적적함으로 묘사되었는데, 이러한 정조는 「가을밤」이나 「접시」에도 유사한 이미지로 묘사되었다.

　무엇보다 「지붕에 붓꽃이 핀 집」과 「마을」 2편은 지붕에 붓꽃이 핀 집에 국수 면발과 하얀 나비가 지붕을 넘나드는 모습과 더불어, 시골마을에서 벌어지는 보리타작하는 풍경에 더운 여름밤 맛보는 빙수의 맛이 더해져, 왜 후유지가 전형적인 전원시인인지 살필 수 있는 작품이었다.

　이처럼 후유지의 작품들은 당시 일본에 불기 시작한 '근대화'라는 거친 파도에 휩쓸리지 않고, '향수를 테마로 한 전원시'를 통해 일본인의 마음을 사로잡았다. 그것이 지금까지 많은 평자나 독자로부터 호평을 받고 인기를 누리는 요인으로 작용하고 있다.

　향후에도 후유지 시와 한국의 백석 시가 비교된다면, 반드시 텍스트 위주의 작업이 이루어져만 할 것이다. 이는 후유지에 관한 더 많은 연구와 작품 번역이 요구되는 바, 이에 관한 작업은 필자를 비롯한 또 다른 연구자나 번역자의 몫으로 남겨 둔다.

미요시 다쓰지

三好達治

기타하라 하쿠슈 이후의
일본 국민 시인

미요시 다쓰지의 시

미요시 다쓰지(三好達治),
그는 누구인가

문학사적 위치와 한국과의 인연

미요시 다쓰지(三好達治, 1900-1964, 이하 '다쓰지'라고 함)는 일본 근현대 시단(詩壇)을 대표하는 국민 시인으로 불릴 만큼 명성이 높다. 일본 문학사는 그가 일본의 문화적 전통에 충실한 정서와 섬세한 감각을 바탕으로 풍부한 서정성을 펼쳐 보였다는 점. 그리고 프랑스 근대 시의 영향을 받아 주지적 경향의 작품을 보여 준 시인이라는 사실에 시적 위상을 부여한다.

필자는 "미요시 다쓰지는 기타하라 하쿠슈(北原白秋, 1885-1942) 사후, 시단적(詩壇的) 평가와는 별도로 문학 일반의 독자로부터 국민 시인적 감정을 갖게 했다"(小川和佑(1976), 『三好達治研究』, 教育出版センター, p.183)는 평가와, "국민 시인이라는 말이 있다. 일찍이 기타하라 하쿠슈가 그렇

게 불렸다. 그가 죽은 후에 국민 시인으로는 미요시 다쓰지를 꼽을 수 있다."(安西均(1978), 「三好達治と『四季』」 『現代詩物語』, 有斐閣, p.110)는 발언에 주목하고 공감한다. 이러한 평가는 다쓰지가 일본 시단에서 차지하는 문학사적 위치를 말해주는 것이다. 그를 가리켜 '메이지(明治)·다이쇼(大正)·쇼와(昭和) 3대의 제1의 시종(詩宗)'이라고 하는 사람도 있을 정도다.

그럼, 한국인의 입장에서 이 시인에 관심을 가져야 할 중요한 이유는 무엇일까. 다쓰지는 한국인의 정서와도 잘 어울리는 서정성과 주지적 경향의 시 세계를 보여 주고 있을 뿐 아니라, 한국을 방문하여 '한국 및 한국인'과 관련된 작품을 다수 남기고 있다는 사실 때문이다. 다쓰지와 한국과의 인연에 주목하자는 것이다.

그는 1919년에는 함경도 회령에서 일본 군인으로서 병영 생활을 했으며, 1940년에는 관광객으로서 한국을 찾았다. 두 차례 모두 일제강점기에 해당한다. 그때 경주와 부여 등, 고도(古都)를 찾아 시, 단가, 수필 등 많은 작품을 남겼다. 특히, 「거리(街)」, 「겨울날(冬の日)」, 「계림구송(鷄林口誦)」, 「노방음(路傍吟)」, 「구상음(丘上吟)」, 「백 번 이후(百たびののち)」, 「소년(少年)」, 「오늘도 여행 간다(けふも旅ゆく)」, 「가좌리 편지(加佐里だより)」」의 9편은 바로 다쓰지가 남긴 시작들이다.

이 글에서는 9편 중에서 「거리(街)」, 「겨울날(冬の日)」을 소개한다. 「거리」는 1919년 당시의 함경도 회령 풍경과 청년 다쓰지의 애상(哀想)이 읽힌다는 점에서, 「겨울날」은 아직도 일본인 평자들이 걸작으로 뽑는데 주저하지 않은 작품으로, 1940년에 찾은 경주 불국사를 둘러싼 풍광과 거기에 담아낸 시인 특유의 '정관(靜觀)의 경지'가 감동적으로 다가온다는 점에서 한국인이 꼭 읽었으면 하는 바람에서 선별했다. 이밖

에 그가 남긴 시와 수필에 관한 것은 졸저『일본 시인, '한국'을 노래하다』(오석륜, 2022, 소명출판)를 참고하기 바란다.

문학적 업적과 생애

미요시 다쓰지의 시는 다음 장에서 살펴보기로 하고, 먼저, 그의 연보부터 알아보자.

다쓰지는 1900년 오사카(大阪) 출생이다. 아버지 세이키치(政吉)와 어머니 다쓰(たつ) 사이에 장남으로 태어난 그는 자신을 포함해서 모두 10형제였으나, 다섯 명의 동생들이 병으로 일찍 죽고 만다. 가업은 특수 인쇄업으로 한때는 번성하여 유모에게 양육될 정도였지만, 얼마 가지 못하고 영세기업으로 전락, 이때부터 다쓰지는 초등학생 시절 무려 10번이나 시내에서 이사를 해야만 했다. 더구나 6살 때는 교토(京都)의 어느 집에 양자로 갔으나 병약함과 장남이라는 이유로 호적 이적이 불가능하게 된다. 이후, 친할머니가 재혼해서 간 효고현(兵庫縣)에서 4, 5년간을 보낸 뒤 다시 오사카의 본가로 돌아와 심상소학교 5학년에 다니게 되는데, 그때도 신경쇠약에 시달려 학교 결석도 잦았다.

이처럼 그의 어린 시절은 방랑, 즉 떠돌이의 생활이었다. 그리고 병약했고 고독했다. 이는 가슴 깊이 쓰라린 원체험(原體驗)으로 남아, 훗날 시인으로서의 삶에도 커다란 영향을 미친다. 그 후 오사카 육군지방유년학교, 도쿄 육군중앙유년학교를 거쳐 도쿄 육군사관학교에 입학하는 등, 군인으로서의 이력도 눈에 띈다. 육군사관학교를 중도에 그만두고,

22세에 교토 제삼고등학교(京都第三高等学校)에 입학하여 졸업한다.

시인으로서의 출발은 도쿄대학 재학 시절이던 1926년 고교 동창생인 가지이 모토지로(梶井基次郎, 1901-1932) 등과 시 동인지 《청공(青空)》에 참가하여, 「유리접시의 태아(玻璃盤の胎兒)」「할머니(祖母)」,「유모차(乳母車)」등 5편의 시를 발표하면서다. 최종 학력은 도쿄대학 불문과.

무엇보다 일본 문학사는 그의 첫 시집 『측량선(測量船)』(1930)을 평가한다. 당시 문단과 독자로부터 그의 대표 시집으로 평가받고 있기 때문이다. 서정 시인으로서의 화려한 출발을 암시하는 것이었다. 이 시집을 통해 다양한 '시적 실험'을 행하면서, '비속함에 빠지지 않은 감상(感傷)'과 '어머니를 향한 청년의 향수', 그리고 '미래에 대한 불안한 예감' 등을 잘 정제된 시어로 결정화(結晶化)했다.

이어서 1932년부터 1935년에 걸쳐 『남창집(南窓集)』, 『한화집(閑花集)』, 『산과집(山果集)』의 세 권의 시집을 발표하여, 이른바 사행시(四行詩) 시대를 열었다. 사행시는 시 한 편을 네 개의 행으로 구성한 것을 말한다. 거기에는 프랑스 문학의 영향이 깊이 자리 잡고 있다. 일본 전통의 미에 프랑스 문학에서 길러진 왕성한 창작의 기운이 한데 어우러져 나타난 결과물이다. 주지 시인으로서의 이미지를 보여 주는 시기이기도 하다. 이후 『초천리(艸千里)』(1939), 『일점종(一點鍾)』(1941), 『낙타의 혹에 올라타고(駱駝の瘤にまたがって)』(1952), 『백 번 이후(百たびののち)』(1962) 등 많은 시집을 남겼다. 번역가, 수필가, 문예평론가로서도 활동했으며, 일본 예술원 회원이기도 했다. 64세가 되던 1964년 병사했다.

이 글에서 다루는 다쓰지의 시는 「유모차(乳母車)」,「향수(鄕愁)」,「석류(石榴)」,「흑 개미(黑蟻)」,「흙(土)」,「파이프(パイプ)」,「잔과(殘果)」,「거리

(街)」, 「겨울날(冬の日)」로 모두 9편.

그럼, 다쓰지의 초기작 중 「유모차」와 「향수」를 읽어 보자.

「유모차」와 「향수」에 나타난 '어머니'와 '향수'

첫 시집 『측량선』의 전반적 특징을 가리켜 '어머니의 시집', '향수의 시집'이라고 표현한다. 이러한 평가는 초기 시의 대표작인 「유모차(乳母車)」와 「향수(鄕愁)」에서 명료하게 감지된다. 2편은 일본인에게는 잘 알려진 작품이다. 다음은 「유모차」 전문.

엄마야-
덧없고 슬픈 것 내리노라
수국(水菊)빛 같은 것 내리노라
끝없는 가로수 그늘을
산들산들 바람 부노라

때는 황혼
엄마야 내 유모차를 밀어라
눈물에 젖은 석양을 향해
절절히 내 유모차를 밀어라

빨간 떨기 달린 비로드 모자를
차가운 이마에 씌워 줘
갈길 서두르는 새들의 행렬에도
계절은 하늘을 건너가노라

덧없고 슬픈 것 내리는
수국 빛 같은 것 내리는 길
엄마야 나는 알고 있다
이 길은 멀고 먼 끝없는 길

「유모차」 전문

母よ-/ 淡くかなしきもののふるなり/ 紫陽花いろのもののふるなり/ はてしなき並樹のかげを/ そうそうと風のふくなり// 時はたそがれ/ 母よ 私の乳母車を押せ/ 泣きぬれる夕陽にむかって/ 轔々と私の乳母車を押せ// 赤い總ある天鵞絨の帽子を/ つめたき額にかむらせよ/ 旅いそぐ鳥の列にも/ 季節は空を渡るなり// 淡くかなしきもののふる/ 紫陽花いろのもののふる道/ 母よ 私は知ってゐる/ この道は遠く遠くはてしない道

「乳母車」全文

시적 분위기는 전반적으로 차가운 쪽으로 흐른다. 그리고 회고적 성격이 강하다. 주목되는 시어는 "덧없고 슬픈 것", "눈물에 젖은 석양", "차가운 이마" 등이다. 유모차라고 하면 따스하고 포근한 이미지가 연상되지만, 이들은 모두 그런 이미지와는 무관하다. "덧없고 슬픈 것 내리노라"(1연 2행)는 슬픔을 표현하려는 의도가 선명해 보인다. 마지막 4연 1행에서 이 구절은 다시 반복되며 차가운 이미지의 효과가 증폭되는 양상으로 번진다.

이 시가 당시 시단에서 커다란 영향력을 가진 시인 모모타 소지(百田宗治, 1893-1955)로부터 "내부 감정과 서로 일치되는 하나의 세계를 만들고 있으며, 거기에는 정밀하고 치밀하게 표현된 진심이 발견된다."(安田保雄(1963), 「『靑空』時代の三好達治」, 『鶴見女子大學』 第1號, p.121 재인용)는 격찬을 받은 것도 독특한 감각과 정교한 표현 때문이다.

여기에서 시인의 기교를 살펴보자. 저물어 가는 해를 '눈물에 젖은 석양'으로, 하늘을 날며 지나가는 새들을 '갈 길 서두르는 새들'이라고 표현한 점, 차가운 바람이라고 직접적으로 표현하지 않고 '차가운 이마'라고 한 것, 이러한 표현들은 직접적인 경험의 재현이 아니라 기교를 바탕으로 한 구절이다. 해를 '눈물 가득한 풍경'으로 서술한 것이 대상을 주관적인 시각으로 바라본 것이라면, 새들의 날갯짓을 '서둘러 길을 떠나는' 모양에 비유한 것은 참신한 발상의 예가 되기에 충분하다. 차가운 바람을 '차가운 이마'라고 한 것 역시 매우 감각적이다. 「유모차」에 담긴 감각과 발상의 참신함은 독창적인 아름다움을 보여 준다. 이러한 시의 묘미는 시인의 비범한 시적 자질을 간접적으로 엿보게 하는 것이다.

시적 화자의 어머니에 대한 간절한 바람, 즉 어머니에 대한 상상적 요구의 애절함은 마지막 연 "엄마야 나는 알고 있다/ 이 길은 멀고 먼 끝없는 길"에 나타난다. 비현실의 세계를 상상하던 시의 화자가 현실로 되돌아와서는 어머니에 대한 요구를 직접적으로 표현한다. 결말 부분에서는 자신의 길은 스스로 개척하겠다는 모습을 보여 주는 듯하다. 동적인 이미지에서 마지막 연에서는 정적인 이미지로 마감하는 점은 이채롭게 느껴지는데, 이 부분은 다쓰지의 시적 능력을 다시 한번 보여 주는 듯하다.

어릴 때부터 부모의 곁을 떠나서 한때는 양자로, 또 할머니에게서 5년 가까운 시간을 보내야 했던 힘겨운 날들이 있었기에 시인은 늘 어머니에게 유모차를 밀어달라는 꿈을 꾸고 있었는지도 모른다. 1926년 《청공》(제2권 6호)에 발표한 그야말로 가장 초기 작품 중 한 편이다.

다음에 인용하는 작품은 「향수(鄕愁)」다.

  나비 같은 나의 향수!… 나비는 몇 개 울타리를 넘어, 오후의 거리에서 바다를 본다…나는 벽에서 바다를 듣는다… 나는 책을 덮는다. 나는 벽에 기댄다. 옆방에서 2시를 친다. '바다 먼 바다여! 하고 나는 종이에 쓴다―바다여, 우리들이 쓰는 문자에서는 네 속에 어머니가 있다. 그리고 어머니여, 프랑스 사람의 말에는 당신 속에 바다가 있다.'

「향수」 전문

  蝶のやうな私の郷愁!…。蝶はいくつか籬を越え、午後の街角に海を見る…。私は壁に海を聴く…。私は本を閉ぢる。私は壁に凭れる。隣りの部屋で二時が打つ。「海、遠い海よ!と私は紙にしたためる。―海よ、僕らの使ふ文字では、お前の中に母がゐる。そして母よ、仏蘭西人の言葉では、あなたの中に海がある。」

「郷愁」全文

시의 마지막 부분 "바다여, 우리들이 쓰는 문자에서는 네 속에 어머니가 있다. 그리고 어머니여, 프랑스 사람의 말에는 당신 속에 바다가 있다."를 주목해 읽어 보면, 이 시에는 독특한 특징이 있다는 것을 알 수 있다. 기지가 넘친다는 것이다. 이 표현은 한자인 '바다 해(海)' 자가 그 속에 '어미 모(母)' 자를 포함하고 있고, 프랑스어는 '어머니(mère)'가 '바다(mer)'를 품고 있다는 뜻이다. 기지 넘치는 표현이 단순히 언어유희에만 그치지 않고 서정성을 담아내고 있어 예술적 가치가 더해진다. 그것이 읽는 이에게 시적 매력을 주며 감동으로 읽히는 것이다. 어머니를 그리워하는 마음과 언어를 자유자재로 구사하는 시인의 위트가 인상적이다.

또한 "나비 같은 나의 향수! … 나비는 몇 개 울타리를 넘어, 오후의 거리에서 바다를 본다."에서 알 수 있는 것처럼, '향수'라는 추상명사를 표현하기 위해 형태가 있는 나비를 빌려 오고, 또한 나비의 행위를 마치 사람의 행동인 것처럼 묘사한 것은 화자 자신이 그토록 하고 싶어 했던 행위가 아니었을까. 작품에 등장하는 나비는 실재하는 나비는 아니지만, 향수를 시각적 이미지로 표현하기 위해 빌린 것이라 할 수 있다. 즉, 나비를 통해 고향으로 날아간다는 발상이다. 이것이 시인의 시재(詩才)며, 여기에서 깊은 서정이 우러난다. 나비가 마지막으로 날아가는 곳은 다름 아닌 바다고, 그 바다를 어머니의 품과 같은 장소로 파악한 것이다. '바다(海)=어머니(母)'를 일본어와 프랑스어 두 나라의 언어 그리고 유사 이미지로 파악할 수 있는 것은 프랑스 문학과 출신인 다쓰지만의 장점이고 매력이며, 다쓰지이기에 가능했으리라. 어머니를 그리워하는 마음과 언어를 자유자재로 구사하는 시인의 위트는 다쓰지 전체 작품에서 보면 그리 많은 것은 아니다.

이처럼 「유모차」는 다쓰지가 어머니를 향해 부르는 그리움을 회고적 정서로 풀어낸 작품이며, 「향수」는 '바다(海)=어머니(母)'를 일본어와 프랑스어 두 나라 언어를 통해 유사 이미지로 파악하는 기지를 발휘한 것으로 깊은 서정성을 품고 있었다.

다음에 인용하는 「석류(石榴)」, 「흑 개미(黑蟻)」, 「흙(土)」의 3편은 모두 사행시로 구성된 작품이다. 또 어떤 시적 매력을 품고 있을까.

「석류」, 「흑 개미」, 「흙」에 담긴
'우주에 대한 동경'

    바람에 하늘거린

    달콤한 시큼한 가을의 꿈 석류

    하늘에 부풀어 터진

    붉은 보석의 화약고

「석류」 전문

    風に動く/ 甘い酸っぱい秋の夢　石榴/ 空にはぢけた/ 紅宝玉の 火薬庫

「石榴」全文

질풍이 모래를 움직인다
세상살이 어려워 세상살이 어려워 개미는 멈추어 서고
개미는 풀뿌리에 달라붙는다 질풍이 개미를 굴린다
구르면서 달리면서 개미여 그대들이 철아령으로 보인다

「흑 개미」 전문

疾風が砂を動かす/ 行路難行路難 蟻は立ちどまり/ 蟻は草の根にしがみつく 疾風が蟻をころがす/ 転がりながら 走りながら 蟻よ 君らが鉄亜鈴に見えてくる

「黒蟻」全文

개미가
나비의 날개를 끌고 간다
아아
요트 같다

「흙」 전문

蟻が/ 蝶の羽をひいて行く/ ああ/ ヨットのやうだ

「土」全文

먼저, 인용한 3편에서 「석류(石榴)」를 보자. 화자의 눈에 들어온 석류는 "바람에 하늘거린"다. 순간의 포착은 "달콤한 시큼한"이라는 구체적 표현으로 마무리되는 듯하지만, "가을의 꿈"이라는 은유로 다시 전환된다. 날카로운 관찰력과 상상력은 "하늘에 부풀어 터진"이라는 표현과 함께 찰나를 우주에 대한 동경으로 확장시킨다. 이것은 이미지를 은유로 처리하는 동시에 확보한 의미의 확장이다. "붉은 보석의 화약고"라는 비유는 자연에서 얻어낸 단순한 상상력 차원이 아니라 도발적으로까지 보인다.

시인은 눈에 보이는 단순한 현실로부터 의미를 확장시켜 우주의 신비한 질서를 상상하고 예측하는 일을 한다. 이 작업이 시인이 자기 언어를 구축하는 과정이고 이미지화하는 과정에 담긴 노고라면, 다쓰지의 경우 이미지들은 자전적인 체험과 결부된 우주적 상상력을 보여 준다고 할 수 있다. 다쓰지는 이 작품에서 시가 무엇인지에 답하고 있다.

그러한 능력은 「흑 개미(黑蟻)」에서는 우주에 대한 자신과의 동일시(同一視)로 나타나고 있다. 개미 같은 나약한 존재가 거대한 질풍을 만났을 때, 평범한 사람들에게는 죽음과 같은 절망적인 좌절로 비추어진다. 그러나 다쓰지의 시에서 개미는 우주적 차원에서 조망된다. 화자에게 개미는 결코 멈춰 서 있지 않은 존재. 세상 살아가는 것이 힘들지만 또 다른 약진을 위해 잠시 휴식하고 있는 모습으로 비추어질 뿐이다. 그리하여 화자는 마지막 행에서 개미를 "구르면서 달리"는 "철아령"으로 보인다고 발언한다. 개미를 풀뿌리에 달라붙는 "철아령"으로 비유하는 것은 우선은 형태적인 면에서 개미가 철아령과 같은 모양을 하고 있기 때문이다. 또한, 질풍과 관련지어 볼 때, 우주에 살아남기 위해 끊임없는 노력과 의지를 가진 존재로 판단한 것이다. 한편으로는 이를 자신 역시 그러한 존재이기를 바라는 간절한 염원을 담고 있는 것으로 해석할 수 있다.

개미라는 존재는 「흙(土)」에서도 동일한 시상으로 그리고 있다. "세상살이 어려워 세상살이 어려워"하며 풀뿌리에 매달려 있던 개미의 이미지는 여기에서는 흙더미를 넘으며 "나비의 날개를 끌고 가는" 모습으로 등장한다. 자신보다 몇 배 더 큰 덩치의 먹이에 괴력에 가까운 힘을 발휘하는 광경을 본 화자는 바다를 떠올린다. "요트 같다"는 직유는 사유의 흐름을 비틀어 전혀 다른 차원과 결합한 예의 하나다. 개미와 같은 미물의 동작 하나도 지상을 떠나 어디론가 길을 떠나는 간절한 몸짓으로 표현한 것은 앞서 거론했던 「석류」에서 석류를 "하늘에 부풀어 터진/ 붉은 보석의 화약고"라고 표현한 기발함과 같은 궤도에 놓인다.

이처럼 「석류」는 자연에서 얻어낸 단순한 상상력 차원이 아니라 도발적으로까지 읽힌 작품이며, 「흑 개미」는 우주에 살아남기 위해 끊임없는 노력과 의지를 가진 존재로 흑 개미를 그렸다. 「흙」은 개미의 간절한 몸짓을 사유의 흐름을 비틀어 전혀 다른 차원과 결합해 지상을 떠나 어디론가 길을 떠나는 존재로 묘사해냈다.

다음에 소개하는 작품은 다쓰지의 후기 작품으로 평가받는 「파이프(パイプ)」, 「잔과(殘果)」 2편이다.

「파이프」와 「잔과」에 나타난 '원숙한 사유의 깊이'

먼저 「파이프(パイプ)」부터 읽어 보자.

우주는 누구의 파이프일까
 작년 봄에는 재(灰)가 되었고
 올봄에 불이 켜진다
 우주는 누구의 파이프일까

「파이프」 전문

宇宙は誰のパイプだらう/ 去年の春は灰となり/ 今年の春に火がともる/ 宇宙は誰のパイプだらう

「パイプ」全文

스케치풍의 시에서는 느낄 수 없는 깊이가 감지된다. 이 깊이는 초기 사행 시집들의 시가 프랑시 시인의 영향에 따라 자연과 사물, 동물, 식물을 묘사한 수준과는 사뭇 다르다. 사물이나 자연에 대해 인간의 내면세계나 그에 상응하는 넓이와 깊이를 확보하고 있다. 앞에서 인용한 「흙」에서 "개미가/ 나비의 날개를 끌고 간다/ 아아/ 요트 같다"고 노래하며 우주에 대한 동경을 부각시킨 시인은 「파이프」에서는 삶의 체험과 관계 깊은 시어를 선택하고 있다.

"우주는 누구의 파이프일까"(1행)는 그 구체적인 깊이를 보여 준다. "작년 봄에는 재(灰)가 되었고/ 올봄에 불이 켜진다"(2행, 3행)는 시간의 경과와 계절의 추이를 섬세하게 반영한다. 다시 돌아온 봄을 제재로 삼아 뛰어난 감각을 보여 주고 있다. 1년 전 봄은 재로 변한 과거지만, 1년이 다시 지난 지금의 봄은 불처럼 생명력으로 약동한다. 계절의 변화에 주목하는 화자의 비약적 사고는 "우주는 누구의 파이프일까"(4행)

라는 발언으로 계절의 순환을 느끼는 주체인 인간 존재에 대한 인식을 담배 파이프에 비유한다. 농익은 기교와 비약은 후기 시에서 보여 주는 원숙한 사유의 깊이이기도 하다.

다음은 「잔과(殘果)」를 읽어 보자.

> 친구들 모두 우듬지에게 이별을 고하고
> 시장으로 운반되어 팔려나갔지만
>
> 혼자 거기에 남은 것을
> 나무 지킴이라고 한다
> 푸른 하늘 깊어서
> 붉은빛 물들이며 선명하고
>
> 팔꿈치 편 마른 감나무
> 야윈 용(龍)에 눈동자를 찍는다
> 나무 지킴이는
> 나무를 지키노라
>
> 까마귀도 직박구리도
> 존중하며 쪼아 먹지 않았다
> 진눈깨비를 기다리고 눈이 오기를 기다리며
> 이리하여 사라지는 날을 기다리는가

도대체 그저
차가운 바람에 오늘을 뽐내는가

「잔과」 전문

友らみな梢を謝して/ 市にはこばれ売られしが// かしこに残りしを/ 木守りといふ/ 蒼天のふかきにありて/ 紅の色冴えわたり// 肱張りて枯れし柿の木/ 痩竜に睛を点ず/ 木守りは/ 木を守るなり// 鴉のとりも鵯どりも/ 尊みてついばまずけり/ みぞれ待ち雪のふる待ち/かくてほろぶる日をまつか// 知らずただしは/ 寒風に今日を誇るか

「殘果」全文

우선, 화자가 겨울바람을 맞으며 높은 허공에서 홀로 감나무를 지키고 있는 감 하나를 바라보며 그 모습에 "나무 지킴이"(2연 2행, 3연 3행)라는 위치를 부여해주고 있는 것에 관심이 간다. 이미 감 수확 시기가 지난 감나무에서 하나의 감이 남겨진 모습은 한국이나 일본에서 흔히 볼 수 있는 풍경의 하나다. 그러나 시인은 이 평범한 풍경에서 깊은 시적 성취를 발휘한다. 즉, 시장에 다 팔려나간 감들과 달리, 홀로 남은 단 하나의 감을 "야윈 용(龍)에 눈동자를 찍는다"(3연 2행)에 비유한 것과 열매가 다 떨어진 감나무의 모습에서 "팔꿈치 편 마른 감나무"(3연 1행)라고 표현하며 야윈 용을 상상한 것. 이것이 예사롭지 않다. 이 마지막 감 하나에 생명력을 불어넣는 시인은 중국의 고사성어인 화룡점정(畵龍點睛)을 상기하게 한다. "야윈 용(龍)에 눈동자를 찍"음으로써 마지막 한

알의 감은 두 가지 의미로 여운을 남기는 듯하다. 그 두 가지를, "사라지는 날을 기다리는가"(4연 4행)와 "차가운 바람에 오늘을 뽐내는가"(5연 2행)로 파악하면, 전자에서는 노년에 접어든 시인의 진한 고독감이, 후자에서는 다쓰지의 시취(詩趣)나 기교가 묻어난다.

이 작품을 그의 전체적인 삶과 연관 지어 해석하면, 만년에 세속의 사람들에게서 벗어나 자연을 노래하는 시인의 진한 쓸쓸함 같은 것이 묻어난다. 동시에 다쓰지의 시적 자신감에 대한 경이로움도 함께 읽힌다. 이러한 점은 이 작품을 수작으로 꼽는 데 조금도 주저하지 않게 하는 이유가 된다. 「잔과」는 1955년 1월 1일 〈산교케이자이신문(産業經濟新聞)〉에 실은 것으로 시집 『백 번 이후』(1962)에 수록했다. 말하자면 새해를 맞이하는 날에 발표한 시다. 그의 나이 55세 때의 작품이다.

이처럼 「파이프」에는 계절의 순환을 느끼는 주체인 인간 존재에 대한 인식과 이를 담배 파이프에 비유한 농익은 기교와 비약이 느껴졌으며, 「잔과」에는 세속의 사람에게서 벗어나 자연을 노래하는 시인의 쓸쓸함이 감지되었다. 그것은 곧 다쓰지의 원숙한 사유의 깊이와 맞닿아 있다.

다음에 소개하는 작품은 다쓰지가 한국과 한국인을 시로 표현한 「거리(街)」, 「겨울날(冬の日)」 2편이다. 먼저, 「거리」부터 인용한다.

「거리」에 담긴
'함경도 회령의 쓸쓸한 거리'

-국경의 도시

　산간 분지가, 그 애처롭고 거친 술잔과 쟁반 위에, 기원(祈願)하고 있는 것처럼 하늘에 바치고 있는 작은 마을 하나. 밤마다 소리도 없이 무너져 가는 흉벽(胸壁)에 의해, 정사각형으로 구획된 작은 마을. 그 사방에 버드나무 가로수가, 가지 깊이, 지나간 몇 세기의 그림자를 비추고 있다. 지금도 새벽녘에는, 싸늘하게 태풍 같은 날개 소리를 떨구고, 그 위를 물빛 학이 건너간다. 낮에는 이 거리의 누문(樓門)에서, 울부짖는 돼지 떼가 달리다가 식수 긷는 우물에서, 넘어지고, 자꾸만 그 야윈 까만 모습을, 관목과 잡초로 된 평야 속에 감추어버린다. 만일 그때, 이상하고 가련한 소리가 삐걱거리는 것을 멀리에서 듣는다면, 시간이 지나 가로수 그림자에, 작은 이륜차가 언덕 같은 붉은 빛 소 목덜미에 이끌려, 여름이면 참외, 가을이면 장작을 싣고, 천천히 누문 쪽으로 걸어가는 것을 볼 터이다. 나무껍질도 거무스레 낡아 버린 누문의, 방패 모양으로 하늘을 꿰뚫어 보는 격자 안에, 지금은 울리는 것조차도 잊어버린 작은 종이, 침묵하던 옛날 그대로의 위엄을 지닌 채, 어렴풋이 어둡게, 궁륭(穹窿)을 이룬 천정에 떠 있다. 무너질 대로 무너져 떨어져 가는 흉벽 위에, 또는 왠지 하얗게 우거질 대로 우거진 버드나무 속에, 까치는 모이고, 어지러이 날고, 하얀 얼룩이 있는 긴 꼬리를 흔들며, 종일 돌을 두드리는 듯한 소리를 지르고 있다. 또한 게다가, 이따금 달이 상순의 끝 무렵에 가깝게, 그 일말(一抹)의 반원을, 멀리 떨어진 조밭 옥수수밭 위, 뼈가 앙상한 산맥 위, 아득한 낮의 일점(一點)으로 기울어지고 있다고 한다면, 사람은 모두, 황량한 풍경을 물결치며 덮는, 일찍이 어떤 문화도 손대지 않았던 적요 속에, 제각기 의지할 곳 없는 운명을 한순간 몸에 느끼며 탄식할 것이다. 그리고 이 흙벽을 에워싼 작은 거리는, 사방의 적요를 더 슬픈 것으로 만들기 위해서, 때때로 몇 줄기인가 조용히 취사의 연기를 허공에 피운다.

  옛날, 이 거리를 영위하기 위해서, 그들의 조상은 산맥 어느 쪽 방향으로 나누어 온 것일까? 이 거리가 생긴 날, 그들의 적은 산맥 어느 쪽으로 나누어 온 것일까? 그리고 이 흙벽이 어떻게 격한 싸움을 사이에 두고 둘로 나누어졌던 것일까? 그들 모든 역사는 마음에 두지 않고 잊히고, 사람들은 오로지 변함없는 습관에 따라서, 그들의 조상과 같은 형태의 밥그릇으로 같은 노란 음식물을 먹고, 들에 같은 씨를 뿌리고, 몸에 같은 옷을 걸치고, 머리에 같은 상투 같은 관을 물려주고 있다. 그것이 그들의 법규이기도 한 것처럼, 그들은 늘 나태하고, 아무 때고 수면을 탐하고, 꿈의 틈새에 일어나서는, 두터운 가슴을 펴고, 꿀꺽꿀꺽 목구멍에서 소리를 내며 다량의 물을 다 마셔 버리는 것이다. 기류가 몹시 건조하기 때문에,

  이윽고 밤이 왔을 때, 만조에 삼켜지는 산호초처럼, 암흑과 침묵의 압력 속에, 얼마나 어둡게, 이 거리는 빠져가고 잠겨 가는 것일까? 그리고 그 안에서, 어떤 형태의 그릇에 어떤 등불이 켜지는 것일까? 혹은 등불마저 없는 것은 아닐까? 나는 그것을 모른다. 지금도 나는, 때로는 추억의 고개에 서서, 멀리 이 거리를 바라보고 있지만, 내 기억은, 언제나, 태양이 저무는 쪽으로 서둘러 돌아가고 만다.

「거리」 전문

-國境の町

　山間の盆地が、その傷ましい、荒蕪な杯盤の上に、祈念の如くに空に擎げてゐる一つの小さな街。夜ごとに音もなく崩れてゆく胸壁によつて、正方形に劃られてゐる一つの小さな街。その四方に楊の並木が、枝深く、すぎ去つた幾世紀の影を與へてゐる。今も明方には、颯颯と野分のやうな羽音を落して、その上を水色の鶴が渡つて行く。晝はこの街の樓門から、鳴き叫ぶ豚の列が走りいで、轉がり、しきりにその痩せた黒い姿を、灌木と雜草の平野の中に消してしまふ。もしもその時、異樣な哀音の軋るのを遠くに聞くならば、時をへて並木の影に、小さな二輪車が丘のやうな犒牛の項に牽かれて、夏ならば瓜を積み、秋ならば薪を載せ、徐ろに、樓門の方へと歩み去るのを見るだらう。木の肌も黒く古びてしまつた樓門の、楯形に空を見透かす格子の中に、今は鳴ることすらも忘れてしまつた小さな鐘が、沈默の昔ながらの威嚴をもつて、ほのかに暗く、穹窿をなした天井に浮んでゐる。崩れるがままに崩れ落ちて行く胸壁の上に、または茂るがままにうら白く茂つてゐる楊の中に、鵲は集り、飛びかひ、白い斑のある長い尾を振り、終日石を敲くやうな叫びをあげてゐる。なほその上にも、たまたま月が上旬の終りに近く、その一抹の半圓を、遠く散在する粟畑玉蜀黍畑の上、骨だつた山脈の上、杳かな晝の一點に傾けてゐるとしたならば、人はみな、荒涼たる風景を浪うち覆ふ、嘗て如何なる文化も手を觸れなかつた寂寥の中に、おのがじしそのよるべなき運命を一瞬にして身に知り歎くであらう。そしてこの胸壁を周らした小さな街は、四圍の寂寥をしてさ

らに悲しきものとするために、時ありて幾條か、靜かに炊爨の煙を空に炷くのである。

　昔、この街を營むために、彼等の祖先は山脈のどちらの方角を分けてやつて來たのであらうか。この街の出來あがつた日、彼等の敵は再び山脈のどちらの方角を分けてやつてきたのであらうか。そして、この胸壁が如何に激しい戰を隔てて二分したのであらうか。それら總ての歷史は氣にもとめずに忘れられ、人人はひたすらに變りない習慣に從つて、彼等の祖先と同じ形の食器から同じ黃色い食物を攝り、野に同じ種を播き、身に同じ衣をまとひ、頭に同じ髷同じ冠を傳へてゐる。それが彼等の掟てでもあるかの如く、彼等は常に懶惰であり、時を定めず睡眠を貪り、夢の斷えまに立ちあがつては、厚い胸を張り、ごろごろと喉を鳴らして多量の水を飮みほすのである、氣流がはげしく乾燥してゐるために。

　やがて夜が來たとき、滿潮に呑まれる珊瑚礁のやうに、闇黑と沈默の壓力の中に、どんなに暗く、この街は溺れさり沈みさるのであらうか。そしてその中で、どんな形の器にどのやうな燈火がともされるのであらうか。もしくは燈火の用とてもないのであらうか。私はそれを知らない。今も私は、時として追憶の峠に立つて、遠くにこの街を眺めるのであるが、私の記憶は、いつも、太陽の沈む方へといそいで歸つてしまふのである。

「街」全文

인용 시는 3연의 산문시로 된 「거리(街)」 전문으로, 다쓰지가 1930년 출간한 자신의 첫 시집 『측량선』에 실었다. 시에는 '국경의 도시(國境の町)'라는 부제가 붙어 있는데, 이 작품에서 시인이 묘사하고 있는 '국경의 도시'는 함경도 회령이다.

　시의 시간적 배경은 1919년. 당시 열아홉 살이었던 다쓰지는 일본에서 오사카육군유년학교 본과 1년 반의 과정을 마치고, 태어나 처음으로 이국의 땅인 한국으로 건너와 공병 제19대대에서 사관후보생으로 1년 정도 근무한 적이 있었다. 즉, 이 작품은 군인 신분이었던 다쓰지가 그때의 회령 풍경과 회령 사람에 대한 인상을 시로 담담하게 묘사해 낸 것이다.

　이 시에서 다쓰지는 비교적 차분하게 그리고 섬세하게 회령의 어느 작은 마을을 응시하고 있다. "정사각형으로 된 쓸쓸한 회령 거리"와 "길가에 선 버드나무 가로수", 그리고 "새벽녘 흉벽(胸壁)이 있는 마을 위를 가로지르며 날아가는 학과 버드나무 가지로 모여들었다가 어지러이 날아가는 까치"와 같은 풍경은 마치 당시의 마을을 그림으로 섬세하게 펼쳐 보이는 듯하다. 더불어, 그 그림 속에 투영된 시인의 모습도 손에 잡힐 듯 가깝게 다가온다. 어쩌면 우수에 가득 찬 풍경은 군인 신분이었던 다쓰지 특유의 애상성(哀想性)과 이어져 있다는 느낌으로 읽힌다. "흉벽"은 성곽이나 포대 따위에 사람의 가슴 높이 정도로 쌓은 담이다. '흉장(胸墻)'이라고도 하는데, 회령이 국경지대의 한 곳임을 짐작하게 한다. "이 흉벽이 어떻게 격한 싸움을 사이에 두고 둘로 나누어졌던 것일까."도 병영 생활을 하던 다쓰지에게는 예사롭게 보이지만은 않았을 것이다.

작품의 1연이 주로 회령의 거리나 풍경에 주목하고 있다면, "옛날, 이 거리를 영위하기 위해서, 그들의 조상은 산맥 어느 쪽 방향으로 나누어 온 것일까?"로 시작되는 작품의 2연은 회령 사람들에 대한 시인의 인상이다. 흥미롭게 읽힌다. 역시 다분히 관조적이다. 즉, 담담한 마음으로 관찰하는 태도를 보여 준다는 뜻이다. 그 당시 사람들의 생활을 떠올리는 서술이다.

시를 찬찬히 읽어 보면, 국경을 접하며 살고 있는 회령 사람들에 대해서, 과거 어떤 일이 있었든 그다지 신경을 쓰지 않고 비교적 낙천적인 삶을 살아가는 사람으로 그려내고 있음을 알 수 있다. 주지하다시피, 회령은 겨울이 긴 산간지방이다. 비교적 넓은 평야가 펼쳐져 있는 두만강 연안을 제외한 다른 변두리는 천 미터 안팎의 산들이 있는 지역. 다른 산간지방에 비해 비가 적게 내리는 건조 지역이라는 사실까지도 알고 있는 시인은 그래서 이곳 사람들의 모습을, "꿈의 틈새에 일어나서는, 두터운 가슴을 펴고, 꿀꺽꿀꺽 목구멍에서 소리를 내며 다량의 물을 다 마셔 버리는 것이다. 기류가 몹시 건조하기 때문에"라는 구체성을 갖고서 표현해내기에 이른다. 회령 사람들에 대한 시인의 경험이 반영된 듯한 구체적 진술은 또한 "사람들은 오로지 변함없는 습관에 따라서, 그들의 조상과 같은 형태의 식기에서 같은 노란 음식물을 먹고, 들에 같은 씨를 뿌리고, 몸에 같은 옷을 걸치고, 머리에 같은 상투 같은 관을 물려주고 있다. 그것이 그들의 법규이기도 한 것처럼"에서도 잘 드러난다.

다쓰지의 이러한 섬세한 관찰이 돋보이는 것은 시 전체에서 보면 그가 회령의 풍물과 그곳 사람들의 의식(衣食)과 습관, 그리고 기후 조건까지 훤히 알고 있기 때문에 가능한지도 모른다. 그리고 그러한 서술은 시간적으로 새벽녘, 낮, 밤이라는 하루의 시간을 모두 치밀하게 구분해서 그려내고 있어 시의 품격을 높여 준다.

아마도 독자의 입장에서 이 시에서 특히 관심이 가는 곳은 시인이 관찰을 통해 제시하고 있는 회령 사람에 대한 묘사 부분일 듯. 이는 곧 한국인들에 대한 이미지의 하나로 해석할 수 있기 때문이다. 화자는 이국땅에서 처음 접하는 회령 사람에 대해 무엇보다 옛날의 회령을 크게 생각하지 않는, 그저 과거의 역사 같은 것은 염두에 두지 않고 있다는 인식을 갖고 있다. 그래서 특별한 변화 없이 옛날 그대로의 습관에 따라서 사는 사람들이라고 했고, 또한 이곳이 "일찍이 어떤 문화도 손을 대지 않았던 적요"를 갖고 있었다고 서술한다. 그들의 조상이 어느 쪽으로 나누어 왔건, 그들의 적이 어느 쪽으로 나누어 왔건, 흉벽이 격한 싸움을 사이에 두고 둘로 나누어졌건 마음에 두지 않는 사람들. 그것이 회령 사람에 대한 다쓰지의 판단이다.

또 하나는, 회령 사람들을 나태한 사람으로 묘사하고 있다는 것이다. "그들은 늘 나태하고 아무 때나 수면을 탐하고"는 그러한 예를 제시한 곳이다. 만약 다쓰지가 겨울 농한기의 특성을 감안하지 않았다면, 그의 눈에는 그때의 회령 사람은 다소 나태한 사람으로 비쳤을 것이다.

따라서 이 시는 비록 군인의 신분으로 처음으로 한국 땅을 밟았지만, 회령의 풍물과 현지인에 대한 관찰을 바탕으로 한 시인 특유의 안정된 필치가 돋보이는 작품으로 평가할 수 있다.

다음에 소개하는 시는 다쓰지의 대표작 중의 하나인 「겨울날(冬の日)」이다. 이 시는 아직도 일본인들이 명작으로 꼽는 데 주저하지 않는다.

어떤 시적 매력을 품고 있을까.

「겨울날」에 담긴 '경주 불국사'와
'정관(靜觀)의 경지'

-경주 불국사 근처에서

아아 지혜는 이러한 조용한 겨울날에
그것은 문득 뜻하지 않은 때에 온다
인적 끊긴 곳에
산림에
이를테면 이러한 절간의 뜰에
예고도 없이 그것이 네 앞에 와서
이럴 때 속삭이는 말에 믿음을 두어라
"고요한 눈 평화로운 마음 그 밖에 무슨 보배가 세상에 있을까"

가을은 오고 가을은 깊어 그 가을은 벌써 저만치 사라져 간다
어제는 온종일 거친 바람이 몰아쳤다
그것은 오늘 이 새로운 겨울이 시작되는 하루였다
그렇게 날이 저물어 한밤이 되어서도 내 마음은 안정되지 않았다
짧은 꿈이 몇 번인가 끊기고 몇 번인가 또 시작되었다
외로운 나그넷길에 있으면서 이러한 객사 한밤중에도

난 부질없는 일을 생각하고 부질없는 일에 괴로워했다

그런데 이 아침은 이 무슨 조용한 아침이란 말인가

나무들은 모두 다 벌거숭이가 되고

까치둥지도 서너 개 우듬지에 드러났다

사물의 그림자들 또렷하고 머리 위 하늘은 너무 맑고

그것들 사이에 먼 산맥이 물결쳐 보인다

비바람에 시달린 자하문 두리기둥에는

그야말로 겨울 것이 분명한 이 아침의 노랗게 물든 햇살

산기슭 쪽은 분간할 수 없고 어슴푸레 안개 속에 사라진 저들 아득한
산꼭대기 푸른 산들은

그 청명한 그리하여 마침내는 그 모호한 안쪽에서

공간이라는 유구한 음악 하나를 연주하면서

이제 지상의 현실을 허공의 꿈에다 다리 놓고 있다

그 처마 끝에 참새 떼 지저귀고 있는 범영루 기왓골 위

다시 저편 성긴 숲 나뭇가지에 보일 듯 말 듯 하고

또 그쪽 앞의 조그마한 마을 초가집 하늘까지

그들 높지 않고 또한 낮지도 않는 산들은

어디까지고 멀리 끝없이

고요로 서로 답하고 적막으로 서로 부르며 이어져 있다

그런 이 아침의 참으로 쓸쓸한

이것은 평화롭고 정밀한 경치이리라

그렇게 나는 이제 이 절의 중심 대웅전 툇마루에

일곱 빛 단청 서까래 아래 쪼그려

부질없는 간밤 악몽의 개미지옥에서 무참하게 지쳐 돌아온

내 마음을 손바닥에 잡듯이 바라보고 있다

아무한테도 고할 길 없는 내 마음을 바라보고 있다

바라보고 있다

지금은 허허로운 여기저기 주춧돌 주위에 피어난 들국화를

저 석등의 돌 등피 언저리에 아련하게 희미한 아지랑이가 피어나고 있는 것을

아아 지혜는 이러한 조용한 겨울날에

그것은 문득 뜻하지 않은 때에 온다

인적 끊긴 곳에

산림에

이를테면 이러한 절간의 뜰에

예고도 없이 그것이 네 앞에 와서

이럴 때 속삭이는 말에 믿음을 두어라

"고요한 눈 평화로운 마음 그밖에 무슨 보배가 세상에 있을까"

「겨울날」 전문

-慶州佛國寺畔にて

ああ智慧は かかる静かな冬の日に/ それはふと思ひがけない時に

来る/ 人影の絶えた境に/ 山林に/ たとへばかかる精舎の庭に/ 前触れもなくそれが汝の前に来て/ かかる時 ささやく言葉に信をおけ/ 「静かな眼 平和な心 その外に何の宝が世にあらう」// 秋は来り 秋は更け その秋は已にかなたに歩み去る/ 昨日はいち日激しい風が吹きすさんでゐた/ それは今日この新らしい冬のはじまる一日だつた/ さうして日が昏れ 夜半に及んでからも 私の心は落ちつかなかつた/ 短い夢がいく度か断れ いく度かまたはじまつた/ 孤独な旅の空にゐて かかる客舎の夜半にも/ 私はつまらぬことを考へ つまらぬことに懊んでゐた/ さうして今朝は何といふ静かな朝だらう/ 樹木はすつかり裸になつて/ 鵲の巣も二つ三つそこの梢にあらはれた/ ものの影はあきらかに 頭上の空は晴れきつて/ それらの間に遠い山脈の波うつて見える/ 紫霞門の風雨に曝れた円柱には/ それこそはまさしく冬のもの この朝の黄ばんだ陽ざし/ 裾の方はけぢめもなく靉靆として霞に消えた それら遥かな/ 巓の青い山山は/ その清明な さうしてつひにはその模糊とした奥ゆきで/ 空間てふ 一曲の悠久の楽を奏しながら/ いま地上の現を 虚空の夢幻に橋わたしてゐる// その軒端に雀の群れの喧いでゐる泛影楼の甍のうへ/ さらに彼方疎林の梢に見え隠れして/ そのまた先のささやかな聚落の藁家の空にまで/ それら高からぬまた低からぬ山々は/ どこまでも遠くはてしなく/ 静寂をもつて相応へ 寂寞をもつて相呼びなから連つてゐる/ そのこの朝の 何といふ蕭条とした/ これは平和な 静謐な眺望だらう// さうして私はいまこの精舎の中心 大雄殿の縁側に/ 七彩の垂木の下に蹲まり/ くだらない昨夜の悪夢の蟻地獄からみじめに疲れて帰つてきた/

私の心を掌にとるやうに眺めてゐる/ 誰にも告げるかぎりでない私の心を眺めてゐる/ 眺めてゐるー// 今は空しいそこここの礎石のまはりに咲き出でた黄菊の花を/ かの石燈の灯袋にもありなしのほのかな陽炎のもえているのを// ああ智慧は　かかる静かな冬の日に/ それはふと思いがけない時に来る/ 人影の絶えた境に/ 山林に/ たとへばかかる精舎の庭に/ 前觸れもなくそれが汝の前にきて/ かかる時　ささやく言葉に信をおけ/「静かな眼　平和な心　そのほかに何の寶が世にあらう」

「冬の日」全文

인용 시는 1941년 잡지 《문학계(文學界)》 8월호에 발표되었다가 후에 다쓰지의 시집 『일점종』(1941)에 수록된 것이다. 다쓰지의 시에서 일본인이 격찬하는 시 한 편을 꼽으라고 하면 「겨울날(冬の日)」도 그중 한 편일 것이다. 시에는 '경주 불국사 근처에서(慶州佛國寺畔にて)'라는 부제가 붙어 있어, 이 작품의 공간적 배경이 '경주 불국사'와 그 근처임을 짐작하게 한다.

이 시는 무엇보다 불국사를 찾았을 때의 감흥과 희열, 그리고 인생을 관조하는 서술이 무척이나 감동적으로 읽힌다. 5연 50행이나 되는 장시임에도 불구하고 시의 흐름은 마지막 행에 이르기까지 그 호흡이 자연스럽다. 그리고 행간에 숨겨진 긴장감이 압권이기에, 시인으로서의 역량이 유감없이 전해진다. 그것은 아마도 천년 고도 경주를 대표하는 문화유산인 불국사라는 오랜 역사의 현장과 그 장구한 역사에 동화되고자 하는 다쓰지의 의지가 남다르게 다가오기 때문이리라. 무엇보다 불국사를 읽어내는 시인의 심안(心眼)이 무척이나 맑고 깊어, 특히, 1연의, "아아 지혜는 이러한 조용한 겨울날에/ 그것은 문득 뜻하지 않은 때에 온다"(1연 1행, 2행)와 "고요한 눈 평화로운 마음 그 밖에 또 무슨 보배가 세상에 있을까"(1연 8행)는 이 작품의 주제로 받아들일 만한 견고함이 배어 있다. 시적 깊이가 강하게 독자들에게 뿌리를 내리고 있는 대목이다.

여기에 2연, 3연, 4연은 불국사가 지닌 오랜 역사성을 구체적으로 묘사하고 있는데, 그러한 공간과 시간을 함께하고자 하는 다쓰지의 의도가 명료하게 전해져 온다. 예를 들면, 불국사의 모습을 묘사한 2연의, "비바람에 시달린 자하문 두리기둥에는/ 그야말로 겨울 것이 분명한 이 아침의 노랗게 물든 햇살"(2연 13행, 14행)과 같은 표현은 다쓰지가 단순히 불국사의 풍광만을 노래하는 시인이 아니라는 것을 보여 주기에 충분하다. 풍경을 바라보는 그의 내면은 계절의 추이와 자연의 이치가 지금 이곳에서 발현한 것임을 관조하는 깊이로 확장되고 있다.

역시 2연의, "어제의 거친 바람"(2연 2행)을, "오늘 새로운 겨울이 시작되는 하루"(2연 3행)로 파악하는 시심 역시 지나간 역사에서 시간의 장구한 흐름을 읽어내는 시적 통찰이 아닐까. 이렇게 2연, 3연, 4연은 불국사가 지닌 오랜 역사성을 구체적으로 묘사하면서도 불국사라는 신성 공간을 내면의 시간 안에 담아내려는 의도가 다분하다. 4연의 "그렇게 나는 이제 이 절의 중심, 대웅전 툇마루에/ 일곱 빛 단청 서까래 아래 쪼그려/ 부질없는 간밤 악몽의 개미지옥에서 무참하게 지쳐 돌아온/ 내 마음"(4연 1행, 2행, 3행, 4행)을 바라보는 다쓰지의 마음 상태는 "손바닥에 잡듯이 바라보고 있는" 정관(靜觀)의 경지와 다를 바 없다. 환경의 변화에 흔들리지 않고 그 안에서 사물의 이치와 우주의 섭리를 관찰하는 정관은 마침내 "아무한테도 고할 길 없는 내 마음을 바라보고 있다/ 바라보고 있다"(4연 5행, 6행)라는 표현으로 귀결되기에 이른다. 무엇보다도 「겨울날」은 정관의 상태를 보여 주는 표현의 깊이 때문에 뛰어난 작품의 하나로 꼽을 만한 것이다.

또 하나, 이 작품의 매력을 덧붙이자면, 시적 공간을 제시하는 표현이 섬세하고 탁월하다는 것이다. 모든 연에서 섬세한 필치가 두드러지지만, 특히, 불국사와 불국사를 둘러싸고 있는 공간 설명이 주를 이루고 있는 2연, 3연, 4연은 시 구절 하나하나가 삶의 깊이와 관련된 이미지들이 서로 조화를 이룬다. "그것들 사이에 먼 산맥이 물결쳐 보인다"(2연 12행), "이 아침의 노랗게 물든 햇살"(2연 14행), "그리하여 마침내는 그 모호한 깊숙한 안쪽에서/ 공간이라는 유구한 음악 하나를 연주하면서/ 이제 지상의 현실을 허공의 꿈에다 다리 놓고 있다"(2연 16행, 17행, 18행)는 그중에서 가장 돋보이는 묘사의 한 부분으로 읽힌다. 이는 과거와 현재를 동시에 재현한 것으로, 핵심에 가까운 매력이 내재되어 있다. 경주의 자연이나 새, 그리고 불국사를 통해서 과거 혹은 역사를 불러내어 현재의 시간으로 연관시키는 능란함은 '산과 산'이 중첩된 풍경을 "고요로 서로 답하고 적막으로 서로 부르며 이어져 있다"(3연 6행)는 절묘한 표현으로 나타내는 데 성공하기에 이른다. 이렇게 과거와 현재를 넘나드는 자유로운 상상은 시각과 음악, 참새 떼 지저귀는 소리(청각)를 절묘하게 조화시켜 그만의 독자적인 시 세계를 구축하고 있다.

그럼 왜 이 시가 한국인에게는 특별하게 읽힐까. 그 이유는 유구한 역사를 지닌 불국사라는 공간에 자신의 심경을 토로하는 시인의 태도가 당시 한국이 일제가 강점한 국가였다는 현실을 전혀 개의치 않고 있다는 점에 있다. 그에게 관심의 대상은 오랜 역사의 현장이다. 그 역사의 공간에 자신을 몰입하고자 하는 태도다. 한반도의 역사를 함께 호흡하려는 개방된 의도를 보여 준다는 점이 이채로울 뿐이다. 다쓰지의 이러한 문화적 개방성은 일본이라는 민족, 국민, 국가 단위에 그치는 범주를 넘어서 장구한 역사, 보편적인 가치와 적극적으로 소통하겠다는 특징을 드러내고 있는 것이다.

마무리 글

이 글에서 다룬 미요시 다쓰지의 시는 「유모차」, 「향수」, 「석류」, 「흑개미」, 「흙」, 「파이프」, 「잔과」, 「거리」, 「겨울날」이며 모두 9편이었다.

먼저, 「유모차」와 「향수」는 서정 시인으로서의 다쓰지를 대표하는 작품으로, 「유모차」는 그가 어머니를 향해 부르는 그리움을 회고적 정서로 풀어내고 있었으며, 「향수」는 '바다(海)=어머니(母)'를 일본어와 프랑스어 두 나라 언어를 통해 유사 이미지로 파악하는 기지가 돋보였다.

또한, 사행시로 구성한 세 작품 「석류」, 「흑 개미」, 「흙」을 살펴본 결과, 「석류」에서는 석류라는 작은 과일에 자연에서 얻어낸 단순한 상상력 차원을 넘어서는 도발적인 사고를 담아냈다. 우주에 살아남기 위해 끊임없는 노력과 의지를 가진 존재를 그린 「흑 개미」, 그리고 개미의 간절한 몸짓을 사유의 흐름을 비틀어 전혀 다른 차원과 결합해

지상을 떠나 어디론가 길을 떠나는 존재로 묘사한「흙」에는 날카로운 관찰력과 상상력이 유감없이 발휘되고 있었다. 그것은 다쓰지의 또 다른 시적 매력이었다.

더불어, 후기시의 시적 성과를 엿볼 수 있는 작품으로 인용한「파이프」는 계절의 순환을 느끼는 주체인 인간 존재에 대한 인식과 이를 담배 파이프에 비유한 농익은 기교와 비약이 우리를 감동하게 했다. 그리고「잔과」는 세속의 사람들에게서 벗어나 자연을 노래하는 시인의 쓸쓸함을 느낄 수 있었다. 이 2편에는 다쓰지의 원숙한 사유의 깊이가 읽혔다.

다쓰지가 한국과 한국인을 노래한「거리」에서는 함경도 회령이라는 곳의 지역성과 회령 사람들을 묘사하는 섬세한 필치와 관조가 돋보였으며,「겨울날」은 신라의 오랜 역사와 동화하고자 하는 시인 다쓰지의 의지를 읽을 수 있었다. 그것은 곧 일본을 대표하는 시인 다쓰지에게서 한국의 유구한 역사와 유적이 갖는 보편적 가치에 몸담고자 하는 의지를 확인하는 것이었다.

이처럼 다쓰지는 프랑스 근대시의 영향을 바탕으로 한 주지 시인으로, 일본의 문화적 전통에 충실한 정서와 섬세한 감각을 펼쳐 보인 서정 시인으로 자신의 시적 세계를 펼쳐 보였다. 이는 국민 시인으로 불리는 기타하라 하쿠슈 이후 그가 국민 시인으로 불리는 요인으로 작용하였으며, 여전히 일본 시단과 일본인에게서 그 명성이 높다.

아유카와 노부오

鮎川信夫

개인적 체험의
보편화

아유카와 노부오의 시

아유카와 노부오(鮎川信夫), 그는 누구인가

문학사적 평가

한국에 일본 시가 잘 소개되지 않는 탓에 우리에게는 아유카와 노부오(鮎川信夫, 1920-1986, 이하 '아유카와'라고 함)라는 시인이 다소 생소하게 들릴지 모른다. 그러나, 일본 문학사에서 전후(戰後) 시단을 거론할 때 빼놓을 수 없는 사람이 누구냐는 질문을 받는다면, '아유카와 노부오'라고 답하는 독자들이 상당히 많다. 왜 그럴까. 무엇보다 그는 일본의 전후 시단에 커다란 영향을 끼친 시 잡지《황지(荒地)》의 이론적 지도자 역할을 했을 뿐 아니라, 태평양 전쟁으로 한때 단절된 현대시의 전개를 이론과 창작을 통해 다시 일으켜 세우는 데 헌신한 인물이기 때문이다. 이것이 바로 일본 문학사에 기여한 그의 문학사적 업적의 핵심이다.

언급한 《황지》는 전쟁 전의 모더니즘 시를 비판하고, 시에서 의미를 존중하자는 주장과 함께, 영국의 시인 겸 평론가인 T.S. 엘리엇(1888-1965)이 말하는 '현대는 황지(荒地, 거친 땅)다'라는 인식하에 현대문명의 위기를 날카롭게 지적한 시 잡지였다. 이런 까닭에 일본 시단에서는 전후 문학의 중요한 키워드로 제시된다. 간행 시기인 1939년-1940년, 1947년-194년, 1953년-1958년에서 알 수 있듯이, 이 잡지의 시대적 배경에는 전쟁과 그 체험이 내포되어 있다. 그로 인해, 현대에 있어서의 삶의 의미를 묻는 윤리적 시작 태도가 생겨난 탓에, 특히 《황지》는 당시 전쟁 전후라는 시기에 시적 암흑기를 겪었던 시인들에 의해 복간되고 창간된 시 잡지 중에서 가장 대표적인 것이다. 아유카와는 다무라 류이치(田村隆一, 1923-1998), 구로다 사부로(黒田三郎, 1919-1980)와 함께 이 그룹의 중심인물이었다. 시인의 전쟁 책임을 문제 삼은 요시모토 다카아키(吉本隆明, 1924-2012) 등도 《황지》와 함께했다.

이처럼 아유카와의 시 작품도 전쟁 체험과 관련을 맺으며 수작을 낳는다. 그는 1942년 10월에 아오야마(青山)의 근위보병 제4연대에 입대하여, 1943년 5월에 수마트라섬에 출정했다. 말라리아와 결핵 발병으로 1944년 5월에 부상 병사로 귀환하였지만, 이때의 체험은 아유카와의 시 세계에 중요한 바탕을 형성한다. 그의 시를 설명하는 키워드인 '개인적 체험의 보편화'는 바로 이러한 전쟁 체험을 동시대의 사람들과 같이 공유하고자 한 태도에서 비롯된 것이다. 이것이 전후 시인 중에서도 아유카와의 작품을 독자적이고 개성적인 것으로 인식하게 하는 토대가 된다.

문학적 업적과 생애

 전후를 대표하는 시인이고 평론가며 번역가인 아유카와는 1920년 도쿄 태생이다. 와세다대학 문학부 영문과를 다녔으나, 3학년 때 졸업 논문 「T·S·엘리엇」을 제출하여 우수하다는 격찬을 받았음에도 군사 교련의 출석 시간 부족으로 졸업을 인정받지 못하였기에 중퇴했다. 본명은 우에무라 류이치(上村隆一).

 16세에 처음으로 시를 썼으며, 이후 1947년 다무라 류이치 등과 시 잡지 《황지》를 주도한 그는 「죽은 남자(死んだ男)」, 「게센호텔의 아침 노래(繫船ホテルの朝の歌)」, 「신의 병사(神の兵士)」, 「아메리카(アメリカ)」 등의 대표작과 함께, 「X에로의 헌사(Xへの献辞)」, 「현대시란 무엇인가(現代詩とは何か)」 등의 시론을 발표하기도 하였다. 대표 시집으로 『아유카와 노부오 시집(鮎川信夫詩集)』(1955), 『다리 위의 사람(橋上の人)』(1963) 등이 있고, 『아유카와 노부오 시론집(鮎川信夫詩論集)』(1964) 등의 평론과 다수의 수필 및 번역서를 남겼다. 1986년 66세 때 뇌출혈로 쓰러져 영면하였다. 일본 문학사는 그의 죽음과 관련하여 '전후 시의 종언'이라는 표현을 쓸 만큼 그는 일본 전후 시단을 대표하는 시인이었다.

 그럼, 아유카와의 대표작으로 알려진 「죽은 사나이」, 「게센호텔의 아침 노래」, 「신의 병사」 등을 통해 그의 시가 무엇을 그리고 있는지를 살펴보기로 하자. 이 3편에 집중해서 평석을 하는 것은 이 작품들이 그의 시적 특성을 잘 보여 주고 있을 뿐 아니라, 일본에서도 대표작으로 자주 인용되기 때문이다.

「죽은 사나이」에 담긴 '전쟁 때 죽은 친구의 죽음'과 '동시대에 전사한 사람들에 대한 애도'

먼저, 「죽은 사나이(死んだ男)」의 전문을 읽어 보자. 시는 전체가 5연 29행이나 되는 짧지 않은 작품이다.

예컨대 안개와
모든 계단의 발소리 속에서,
유언 집행인(遺言 執行人)이, 희미하게 모습을 나타낸다.
---이것이 모든 것의 시작이다.

먼 어제……
우리들은 어두운 술집 의자 위에서,
일그러진 얼굴을 겨워하거나
편지 봉투를 뒤집어보거나 하는 일이 있었다.
"실제로는, 그림자도, 형체도 없어?
---죽지 못하고 보면, 분명 그대로였다.

M이여, 어제의 싸늘한 창공이
면도날에 언제까지나 남아 있구나
그렇지만 나는, 언제 어디에서
자네를 놓쳐버린 건지 잊어버렸어
짧았던 황금 시절---

활자 바꿔 놓기랑 하느님 놀이
"그것이, 우리들의 낡은 처방전이었다"며 중얼거리고……

언제나 계절은 가을이었어, 어제도 오늘도,

"쓸쓸함 속에 낙엽이 진다"
그 소리는 사람 그림자 속으로, 그리고 거리로,
검은 납(鉛)의 길을 줄곧 걸어온 것이었다.

매장하는 날에는 말도 없고
입회하는 자도 없었다.
분노도, 비애도, 불평의 연약한 의지도 없었다.
하늘을 향해 눈을 들고
자네는 그저 묵직한 구두 속에 발을 넣은 채로 조용히 드러누웠던 거다.
"안녕, 태양도 바다도 믿을 게 못 돼"
M이여, 지하에 잠든 M이여,
자네 가슴의 상처는 지금도 여전히 쓰라린가.

「죽은 사나이」 전문

たとえば霧や/ あらゆる階段の跫音のなかから、/ 遺言執行人が、ぼんやりと姿を現す。/ ——これがすべての始まりである。// 遠い昨日……/ ぼくらは暗い酒場の椅子のうえで、/ ゆがんだ顔をもてあましたり/ 手紙の封筒を裏返すようなことがあった。/「実際は、影も、形もない?」

/ ──死にそこなってみれば、たしかにそのとおりであった// Mよ、昨日のひややかな青空が/ 剃刀の刃にいつまでも残っているね。/ だがぼくは、何時何処で/ きみを見失ったのか忘れてしまったよ。/ 短かかった黄金時代──/ 活字の置き換えや神様ごっこ──/「それが、ぼくたちの古い処方箋だった」と呟いて……// いつも季節は秋だった、昨日も今日も、//「淋しさの中に落葉がふる」/ その声は人影へ、そして街へ、/ 黒い鉛の道を歩みつづけてきたのだった。// 埋葬の日は、言葉もなく/ 立会う者もなかった、/ 憤激も、悲哀も、不平の柔弱な椅子もなかった。/ 空にむかって眼をあげ/ きみはただ重たい靴のなかに足をつっこんで静かに横わったのだ。/「さよなら。太陽も海も信ずるに足りない」/ Mよ、地下に眠るMよ、/ きみの胸の傷口は今でもまだ痛むか。

「死んだ男」全文

이 작품은 태평양 전쟁 중에 전사한 친구의 죽음을 통해, 동시대에 죽은 보통의 사람들에 대한 애도를 노래하고 있다. 시적 분위기는 음산할 수밖에 없다. 전쟁 체험자의 회복하기 어려운 '삶의 의식'에 대한 상실감과 허구로 가득 찬 전후 사회에 대한 위화감·거절감의 표명으로 읽힌다. 1947년 《순수시(純粹詩)》 1월호에 발표된 것이다.

좀 더 시 속으로 들어가 보자. 1연에서 주목하고 싶은 시어는 "유언 집행인"이다. 그는 죽은 친구 M 대신에 살아 있는 역할을 부여받은 자다. 즉, 그는 화자 자신이며 동시에 아유카와로 받아들여도 될 듯.

2연의 "편지 봉투를 뒤집어보거나 하는 일이 있었다."에는 허무주의자인 체하는 문학청년의 지적이고 권태에 가득 찬 퇴폐적인 분위기가 감지된다. 편지 봉투를 뒤집어본들 실제로는 "그림자도, 형체도 없"었고, "죽지 못하고 보면, 분명 그대로였"기 때문이다. 존재 자체의 공허함이다.

3연의 "어제의 싸늘한 창공"은 죽은 친구 M과 같이했던 화자의 추억을 나타낸다. 추억을 불러오는 상징적인 이미지다. "활자 바꿔 놓기"는 전전의 모더니즘·다다이즘 풍의 시적 실험이나 시작(詩作)을 위한 시도를 가리키는 말이다. 니시와키 준자부로(西脇順三郞, 1894-1982)나 다카하시 신키치(高橋新吉, 1901-1987) 등의 작풍을 나타낸다고 봐야 할 것이다. "하느님 놀이"는 뮤즈에서 영감을 받은 듯한 천재인 척하는 시인들의 경쟁이나 겨루기를 뜻한다. 무사($Mou\sigma\alpha$) 또는 뮤즈(Muse)는 그리스 신화에 등장하는 9명의 여신이다. 그러한 것들이 "우리들의 낡은 처방전이었다"는 것은 구시대적인, 아무런 효과 없는 낡은 것임을 드러낸다고 해석해도 무방할 듯. 그래서 "나는, 언제 어디에서/ 자네를 놓쳐버린 건지 잊어버렸어/ 짧았던 황금 시절"이었던 것이다. 어쩌면 죽은 M과 화자가 동일 인물로 읽힐 수도 있으리라.

4연 "쓸쓸함 속에 낙엽이 진다"는 쇠멸을 비유하는 가을의 의미다. 쓸쓸하고 어둡다. "검은 납(鉛)의 길을 줄곧 걸어온 것이었다."는 전쟁 전이나 전쟁 중에 걸었던 길이 전후인 지금도 변함이 없음을 나타낸다.

5연에 묘사된 전쟁 때 죽은 친구 M의 매장은 화자인 나의 상상 속에 펼쳐진 심상(心象) 풍경이다. "분노도, 비애도, 불평의 연약한 의지도 없었다."는 절대적인 침묵, 절대의 고독으로 무감동, 무표정, 허무감으로 해석해도 될 듯. 현실 세계에 대한 깊은 회의감의 표출이다. 여기서도 M의 상처를 화자의 상처로 파악해도 그다지 이상하지 않다. 동시에,

그때 죽은 다른 사람들에 대한 상처이기도 하다.

　그래서 이 시에 대해서, 태평양 전쟁 때 죽은 친구의 죽음을 통해 동시대에 전사한 보통의 사람들에 대한 애도를 노래하고 있다는 일반적인 평가는 설득력이 있다. 전후 시의 출발점으로 불리는 작품으로 일본인에게 널리 알려져 있다.

「게센호텔의 아침 노래」에 나타난 '헛헛함과 공허한 시간·공간', 그리고 '형이상(形而上)의 욕망'

　역시 전쟁 체험을 모티프로 하는 아유카와의 작품에서 수작으로 꼽히는 「게센호텔의 아침 노래(繋船ホテルの朝の歌)」에는 어떤 정서가 읽힐까. 다음은 작품 전문이다. 역시 전체가 4연 63행이나 되는 장시다.

　　　몹시도 퍼붓기 시작한 빗속을
　　　너는 그저 멀리 가려고 했다
　　　죽음의 가드를 찾아
　　　슬픔의 거리에서 멀어지려고 했지
　　　너의 젖은 어깨를 끌어안았을 때
　　　비린내 나는 밤바람의 거리가
　　　나에겐 항구인 것만 같았지
　　　선실 등불 하나하나를
　　　가련한 영혼의 노스텔지어에 켜 놓고
　　　거대한 검은 그림자가 선창에 웅크리고 있다

나는 흠뻑 젖은 회한을 버리고
먼 항해를 떠나리라
등짐자루처럼 너를 둘러메고
항해를 떠나려 했지
전깃줄의 희미한 웅얼거림이
바다를 날아가는 귀울림 소리만 같았지

우리의 새벽엔
질주하는 강철선(鋼鐵船)이
푸른 바다에 우리 둘의 운명을 띄워 놓고 있을 터였다
그러나 우리는
어디로도 가질 않았지
싸구려 호텔의 창문에서
난 새벽녘 거리를 향해 침을 뱉었지
지쳐서 무거운 눈꺼풀이
회색 벽처럼 드리워와서
나와 너의 덧없는 희망과 꿈을
유리 꽃병 속에 가두어 버린 것이다
부러진 선창 끝은
꽃병의 썩은 물속에 녹고 있다
어쩐지 모자라는 잠 같은 것이
고약한 냄새 나는 약처럼 가라앉아 있을 뿐이었다
하지만 어제의 비는
언제까지나 우리의 찢긴 마음과
달아오른 육체 사이의
공허한 멜랑콜리의 골짜기에 내리고 있다

우리는 우리의 신을
우리의 침대 속에서 목 졸라 죽이고 만 것일까
너는 나의 책임에 대해 생각하고 있다
나는 만성 위장병자의 후줄근한 넥타이를 매고
너는 대머리독수리처럼 화장을 한 조그마한 얼굴을
새우등 위에 얹고
아침 식탁에 앉는다
금 간 달걀 껍질 속의
반쯤 익은 미래를 향해
너는 어리석은 수수께끼 같은 미소를 띠어 보인다
나는 증오의 포크를 쿡 찔러
부르주아적인 간통 사건의
느끼한 한 접시를 비워버린 듯한 얼굴을 한다

창문의 풍경은
액자 속에 끼워져 있다
아아 비와 길거리와 밤을 다오
밤이 되지 않고는
이 권태로운 풍경들을 제대로 포옹할 수 없다
동과 서의 두 대전(大戰) 사이에서 태어나
사랑에도 혁명에도 실패하고
급전직하(急轉直下) 타락해간 저
이데올로그의 찡그린 낯짝을 창문으로 내밀어 본다
거리는 죽어 있다
상쾌한 아침 바람이

목걸이 자국 난 내 목에 차가운 칼날을 들이댄다

나에겐 수로 옆에 있는 사람 그림자가

가슴이 도려져

영원히 짖을 수 없는 늑대처럼 보인다

「게센호텔의 아침 노래」 전문

　ひどく降りはじめた雨のなかを/ おまえはただ遠くへ行こうとしていた/ 死のガードをもとめて/ 悲しみの街から遠ざかろうとしていた/ おまえの濡れた肩を抱きしめたとき/ なまぐさい夜風の街が/ おれには港のように思えたのだ/ 船室の灯のひとつひとつを/ 可憐な魂のノスタルジアにともして/ 巨大な黒い影が波止場にうずくまっている/ おれはずぶ濡れの悔恨をすてて/ とおい航海に出よう/ 背負い袋のようにおまえをひっかついで/ 航海に出ようとおもった/ 電線のかすかな呻りが/ 海を飛んでゆく耳鳴りのようにおもえた// おれたちの夜明けには/ 疾走する鋼鉄の船が/ 青い海のなかに二人の運命をうかべているはずであった/ ところがおれたちは/ 何処へも行きはしなかった/ 安ホテルの窓から/ おれは明けがたの街にむかって唾をはいた/ 疲れた重たい瞼が/ 灰色の壁のように垂れてきて/ おれとおまえのはかない希望と夢を/ ガラスの花瓶に閉じこめてしまったのだ/ 折れた埠頭のさきは/ 花瓶の腐った水のなかで溶けている/ なんだか眠りたりないものが/ 厭な匂いの薬のように澱んでいるばかりであった/ だが昨日の雨は/ いつまでもおれたちのひき裂かれた心と/ ほてった肉体のあいだの/ 空虚なメランコリイの谷間にふりつづいている// おれたちはおれたちの神を/ おれたちのベッドのなかで締め殺してしまったのだろうか/ おまえはおれの責任について/ おれはお

まえの責任について考えている/ おれは慢性胃腸病患者のだらしない ネクタイをしめ/ おまえは禿鷹風に化粧した小さな顔を/ 猫背のうえ に乗せて/ 朝の食卓につく/ ひびわれた卵のなかの/ なかば熟しかけ た未来にむかって/ おまえは愚劣な謎をふくんだ微笑を浮かべてみ せる/ おれは憎悪のフォークを突き刺し/ ブルジョア的な姦通事件の / あぶらぎった一皿を平らげたような顔をする// 窓の風景は/ 額縁の なかに嵌めこまれている/ ああ　おれは雨と街路と夜がほしい/ 夜に ならなければ/ この倦怠の街の全景を/ うまく抱擁することができな いのだ/ 西と東の二つの大戦のあいだに生れて/ 恋にも革命にも失敗 し/ 急転直下堕落していったあの/ イデオロジストの顰め面を窓から つきだしてみる/ 街は死んでいる/ さわやかな朝の風が/ 頸輪ずれし たおれの咽喉につめたい剃刀をあてる/ おれには堀割のそばに立って いる人影が/ 胸をえぐられ/ 永遠に吠えることのない狼に見えてくる

「繋船ホテルの朝の歌」全文

이 작품에는 전후 일본의 가난한 풍경과 함께 패전국이 가져야만 하는 헛헛함과 공허한 시간·공간의 느낌이 흐르고 있다. 동시에 청년들이 허기를 껴안은 채 꿈꾸는 형이상의 욕망 같은 것도 자리 잡고 있다. 그러한 요소들이 이 작품을 쓴 아유카와에게 전후 시인이라는 호칭에 가장 잘 어울린다는 평가를 얻게 했는지도 모른다. 이 시는 잡지 《시학(詩學)》 1949년 1월호에 발표된 것으로, 후에 시집 『다리 위의 사람』에 수록되었다.

우선 생각해볼 수 있는 것은 게센호텔이라는 공간이다. 이 공간적 배경은 실재하는 호텔이 아닐 것이다. 일본어로 '게센'이라고 읽은 한자어 '계선(繋船)'은 배를 항구 등에 매어둠, 또는 그 배를 가리키는 말이다. 극히 불안정한 장소를 암시하기 위해 아유카와가 만들어낸 장소로 파악해야 할 듯. 물론, 실제로 전후 직후에는 폐선이 된 옛날의 객선을 부두에 묶어 두고, 객실을 싸구려 여인숙 대신 제공한 사례가 있었다고 하니, 그런 사실을 떠올려도 좋을 것 같다.

먼저, 시의 1연은 '선창', '바다', '배', '항해' 등의 시어에서 알 수 있듯이, 여행 혹은 출발을 알리려는 의도로 읽힌다. 그러나 항구에 묶인 배인 계선이라는 용어를 통해 배는 결코 출항하려는 것이 아니라는 것을 알 수 있다. 영원히 출항하지 않는다. 선실에서 둥근 창문을 보면, 거기에는 당연히 푸른 바다가 있을 뿐이다. "그저 멀리 가려고 했"던 '너'를 불러세워서 성적 교섭을 다하려고 했던 '나'. 바로 이 '나'와 '너'라는 주어를 중심으로 작품을 읽어가다 보면, 그 결과로써 우리들의 출범은 실현되지 않는다. '좌절'이라는 시적 주제가 모습을 드러낸 것. "우리는/ 어디로도 가질 않았지"(2연)는 그러한 주제에 부합하고, "우리의 찢긴 마음과/ 달아오른 육체 사이의/ 공허한 멜랑콜리의 골짜기"(2연)에도 그러한 취향이 묻어 있다.

그래서 "어리석은 수수께끼 같은 미소를 띠어 보"(3연)이는 '너'에게 "증오의 포크를 쿡 찔러/ 부르주아적인 간통 사건의/ 느끼한 한 접시를 비워버린 듯한 얼굴"(3연)을 하는 '나'의 구도가 어울리는 풍경으로 읽힌다. 이것은 곧 패전을 겪은 일본 사회가 평화 국가로 재출발하겠다는 사회 변동에 대한 암묵의 위화감, 좌절감을 표명하고 있는 것으로 해석될 수 있다.

"동과 서의 두 대전(大戰) 사이에서 태어나"(4연)에서 두 대전은 1차 대전과 2차 대전을 의미한다. 두 사람의 좌절도 같은 시각으로 호흡하고 있다. "사랑에도 혁명에도 실패하고/ 급전직하(急轉直下) 타락해간 저/ 이데올로그의 찡그린 낯짝(4연)"에는 모더니스트 아유카와가 근위보병으로서 수마트라에 종군하고, 전쟁 말기에 부상병으로 본국으로 송환된 체험이 깊이 녹아 있다. 분명, 이 작품이 전후 시의 대표작으로 불리는 배경에는 이러한 사실이 잠재해 있을 것이다.

이처럼 이 시에는 충족되지 못한 느낌의 것이 웅크리고 있다. 이러한 그의 불충족감은 그 자신의 것임과 동시에 같은 시대를 살았던 사람들의 것이기도 하다. 좀 더 확대해서 해석하면, 그것은 일본의 근대 지식인이 어느 시대에도 가지지 못한 것이다.

「신의 병사」에 담긴 '한 병사의 죽음'과 '그 죽음을 초래한 것에 대한 비판과 항의'

한편, 아유카와는 전쟁 참전의 경험을 직접 다루는 작품도 남기고 있다. 「신의 병사(神の兵士)」, 「전우(戰後)」 등의 작품을 주목할 만하다. 「신의 병사」 전문을 읽어 보자.

    죽은 병사를 되살리는 일은
    금테 두른 책 속에서
    신의 부활을 만나는 것보다 손쉽다

많은 병사는

몇 번인가 죽고

몇 번인가 되살아나 돌아왔다

(성스러운 언어와

영원히 받을 수 없는 불가사의한 보수(報酬)가 있는 한은---)

몇 번인가 죽고

몇 번인가 되살아나는 병사들이

앞으로도 대륙에 바다에

몇 세기고 계속해서 줄(列)을 만들 것이다

(영원히 받을 수 없는 보수는 무한한 담보다!)

1944년 5월 어느 날 밤……

나는 한 병사의 죽음에 입회(立會)했다

그는 나무의 해먹에 몸을 누이고

고열(高熱)에 힘겨워하면서

좀처럼 죽으려고 하지 않았다

희푸른 화염의 기억에 싸여

어머니랑 누이동생이랑 애인을 위해 끝없이 눈물을 흘렸다

그와 나 사이에는

이제 넘을 수 없는 경계가 있고

흔들리는 주야등(晝夜燈) 어두운 불빛 그늘에

죽음이 찾아와서 꼼짝도 하지 않고 웅크리고 있는 것이 보였다

전쟁을 저주하면서

그는 죽어갔다

동지나해(東支那海)의 밤을 달리는 병원선의 하나의 방에서

모든 신의 보수(報酬)를 거절하고

그는 영원히 죽어갔다

(아아 인간성이여……

이 아름다운 병사는 두 번 다시 살아나는 일은 없을 것이다)

어딘가 먼 나라에서는

그의 숭고한 죽음이

금테 두른 책 속에 갇히고

그 위에 나지막한 기도 소리와

상냥한 여인의 손이 놓여 있다

「신의 병사」 전문

死んだ兵士を生きかえらせることは/ 金の緣とりをした本のなかで/ 神の復活に出会うよりもたやすい/ 多くの兵士は/ いくたびか死に/ いくたびか生きかえってきた// (聖なる言葉や/ 永遠に受けることのない/ 不思議な報酬があるかぎりは---)// いくたびか死に

/ いくたびか生きかえる兵士たちが/ これからも大陸に 海に/ 幾世紀もの列をつくってつづくのだ// （永遠に受けることのない報酬は/ 無限の質だ！）// １９４４年５月のある夜……/ ぼくはひとりの兵士の死に立会った/ かれは木の吊床に身を横たえて/ 高熱に苦しみながら/ なかなか死のうとしなかった/ 青白い記憶の炎につつまれて/ 母や妹や恋人のためにとめどなく涙を流しつづけた/ かれとぼくの間には/ もう超えることのできない境があり/ ゆれる昼夜燈の暗い光のかげに/ 死がやってきてじっと蹲っているのが見えた// 戦争を呪いながら/ かれは死んでいった/ 東支那海の夜を走る病院船の一室で/ あらゆる神の報酬を拒み/ かれは永遠に死んでいった// （ああ人間性よ……/ この美しい兵士は/ 再び生きかえることはないだろう）// どこかとおい国では/ かれの崇高な死が/ 金の縁とりをした本の中に閉じこめられて/ そのうえに低い祈りの声と/ やさしい女のひとの手がおかれている

「神の兵士」全文

이 시는 아유카와가 전쟁터에서 결핵에 걸려 1944년 5월 15일, 수마트라에서 병원선에 실려 일본으로 송환될 때의 경험이 모티프다. 병원선 안에서 한 병사의 죽음을 입회하고 시로 쓴 것이다. 그는 한 병사의 죽음을 노래하면서 그 죽음을 초래한 것에 대한 비판과 항의를 하고 있다. 동시에, 전쟁으로 상처받은 시인 자신의 고통도 담아내고 있다. 1953년 7월의 《시와 시론(詩と詩論) 1》에 발표된 이 시는 「병원선일지(病院船日誌)」라는 제목으로 이루어진 여러 작품 중의 한 편이다. 후

에 『아유카와 노부오 시집(鮎川信夫詩集)』(1955)에도 실었다.

먼저 시의 독해를 위해 시어로 쓰인 용어를 풀어보자. 1연에 나온 "금테 두른 책"은 성경이고, "신"은 예수그리스도다. 그래서 첫째 연은 성경 속에서 예수의 부활을 만나는 것보다 죽은 병사를 살리는 것이 손쉽게 행해지는 풍조에 노여움을 담아 항의하는 대목이다. 즉, 전쟁으로 죽은 많은 병사를 '명예로운 전사자'라는 허울 좋은 미명으로 살린 것에 대한 비판이다. 그리고 이것이 일상의 일로 자연스럽게 행해지는 것은 "성스러운 언어", "불가사의한 보수" 탓이라는 것이다. "성스러운 언어"는 전쟁이나 죽음을 합리화하거나 미화하거나 하는 언어를 직접적으로 지적한 것이리라.

그래서 3연 "몇 번인가 죽고/ 몇 번인가 되살아나는 병사들이/ 앞으로도 대륙에 바다에/ 몇 세기고 계속해서 줄(列)을 만들 것이다"에는 전쟁은 앞으로도 대륙이나 바다에서 얼마든지 일어날 것이라는 시사(示唆)를 던지면서, 병사의 생사가 역시 향후 몇 세기에 걸쳐 가볍게 취급될 것이라고 단정적으로 서술한다. 전쟁 그 자체에 대한 증오다. 4연 "보수는 무한한 담보다!" 역시 단지 전쟁에만 관여되는 것이 아니라, 인간 존재의 기저(基底)에 시인의 눈이 미치고 있음을 보여 준다.

5연 "그는 나무의 해먹에 몸을 누이고/ 고열(高熱)에 힘겨워하면서/ 좀처럼 죽으려고 하지 않았다/ 희푸른 화염의 기억에 싸여/ 어머니랑 누이동생이랑 애인을 위해 끝없이 눈물을 흘렸다/ 그와 나 사이에는/ 이제 넘을 수 없는 경계가 있고/ 흔들리는 주야등(晝夜燈) 어두운 불빛 그늘에/ 죽음이 찾아와서 꼼짝도 하지 않고 웅크리고 있는 것이 보였다"는 화자와 부상자를 있는 그대로 묘사한 부분이다. 차갑고 흔들림

없는 시인의 자세가 명료하게 읽힌다. 6연 "모든 신의 보수(報酬)를 거절하고/ 그는 영원히 죽어갔다" 역시, 병사의 죽음을 "불가사의한 보수"나 "신의 보수"라는 것을 시인이 거부한 것으로 해석해야 할 듯.

7연 "이 아름다운 병사는 두 번 다시 살아나는 일은 없을 것이다"는 병사를 그러한 죽음으로 몰고 가는 것에 대한 노여움이 내재되어 있다. 그것은 동시에, 병사의 죽음을 노래하면서 화자 자신, 즉, 시인 자신의 인간성도 죽어가고 있다는 것을 뜻한다. 그래서 마지막 연 8연의 "그의 숭고한 죽음"은 비록 "금테 두른 책 속에 갇히고/ 그 위에 나지막한 기도 소리와/ 상냥한 여인의 손이 놓여 있다"고 해도 그것은 결국 "어딘가 먼 나라"의 일 그 이상도 그 이하도 아니라는 단정으로 마무리하고 있는 것이다.

이처럼 이 시는 전쟁을 겪어야 했던 한 병사의 죽음을 통해 그 죽음을 초래한 것에 대한 비판과 항의가 주된 목소리다. 거기에, 스스로 답을 해나가는 시인 자신의 아픔이 중첩되어 있다. 그런 의미에서, 전쟁 중에서 전쟁 후로 나아가는 시점에서, 이 세대를 살아온 사람의 '자기 확립의 양상'을 엿보게 한다. 이 작품이 귀중한 기록으로 평가되어야 하는 것은 바로 그 때문이다.

전쟁의 기록을 살펴볼 수 있는 또 하나의 작품 「전우(戰友)」를 읽어보자. 전쟁 후에 전우와의 재회를 그리고 있다. 앞에서 다룬 세 작품과 달리 비교적 어렵지 않게 읽힌다고 생각되어 평석은 생략한다. 역시 장시다. 앞부분만 번역하여 소개한다.

야 오랜만이야
벌써 잊었다고 생각하고 있었어

이십 년인가
그런 먼 곳을 보는 눈으로
나를 보지 말라 자 악수
살아 있는 것치곤 손이 차구나

기억나지
죠호루의 피의 해협 부키테마의 불탄 언덕
들리지
파괴에 이은 파괴의 메아리 단말마(斷末魔) 군항에 울려 퍼진 포화의 노래

고개를 갸웃하고 모른 척하지 말라
열쇠 구멍이나 책 사이에 듬뿍 숨겨 두고 있는 여우 녀석
과거에서밖에 만난 적이 없는 우리다 무슨 비밀이 있단 말인가

명령에 바로 정렬하여 검은 총검의 숲을 이루어
적을 향해 묵묵히 출격하여 하룻밤 새면 뼈가 되는
그 매서움은 어디로 갔는가
조국의 영광과 동포의 사랑을 믿고 지평선으로 밀어닥쳤던 그 순수한
화신(化身)은 어디로 사라졌는가(후략)

「전우」 부분

やあ　しばらく/ もう忘れたと思っていたよ// 二十年か/ そんな遠くを見るような眼つきで/ おれを見るな　さあ握手/ 生きているにしちゃ　冷たい手だね// おぼえてるだろ/ ジョホールの血の海峡　ブキテマの焦げた丘/ きこえるだろ/ 破壊につぐ破壊のこだま　断末魔の軍港にとどろく火砲のうた// 小首をかしげ　そしらぬふりをするな/ 鍵穴や本のあいだにしこたま隠しこんでいる狐め/ 過去でしか会うことのないおれたちだ　何の祕密もあるものか/ 命令一下たちまち整列し　黒い銃剣の林をつらね/ 敵にむかい黙々と出撃し　一夜あければ骨となる/ あのきびしさはどこへ行ったか/ 祖国の栄光と同胞の愛を信じて地平線になだれていった/ あの純粋の化身はどこへ失せたか(後略)

「戰友」部分

마무리 글

이 글에서 살펴본 아유카와 노부오의 시는 모두 4편이지만, 자세하게 평석을 붙여서 시의 의미 구조를 조명한 것은 「죽은 사나이」, 「게센 호텔의 아침 노래」, 「신의 병사」의 3편이다. 모두 장시라는 것과 전쟁 체험이라는 창작의 모티프가 공통으로 작용하고 있었다.

먼저, 「죽은 사나이」는 아유카와가 전쟁 때 죽은 친구의 죽음을 그리면서, 동시대에 같이 전쟁을 경험한 보통의 사람들에 대한 애도를 노래하고 있었다. 그것은 곧, 전쟁을 체험한 그들의 '삶의 의식'에 대한 상실감인 동시에 허구로 가득 찬 전후 사회에 대한 위화감 혹은 거절감으로 읽혔다. 그런 의미에서 이 시는 문학사적으로 전후 시의 출발점으로 불리는 작품으로 평가되어야 할 것이다.

다음으로, 「게센호텔의 아침 노래」는 전후 일본의 빈곤한 풍경과 패전 국가의 국민으로서 느껴야 했던 헛헛함과 공허한 시간·공간을 노래한 작품이었다. 거기에는 당시의 일본 청년들이 허기를 껴안은 채 꿈꾸는 형이상의 욕망이 내재되어 있었다.

「신의 병사」는 전쟁으로 인한 한 병사의 죽음을 다룬 작품으로, 그 죽음을 초래한 것에 대한 비판과 항의의 성격이 강하다. 또한, 병사와 자신과의 사이에서 스스로 답을 찾아야 하는 아유카와의 아픔도 중첩되어 있다. 아유카와 자신을 포함한 그 당시를 살아온 사람들의 '자기 확립의 양상'을 읽을 수 있었다는 점에서, 이 시는 전후 시의 귀중한 기록으로 평가되어야 한다.

이처럼 아유카와의 시편들은 태평양 전쟁으로 한때 단절된 일본 현대시의 전개를 창작을 통해 다시 일으켜 세우는 데 헌신하였다는 점에서 그 문학사적 의의가 있다. 그에게 전쟁 체험은 중요한 시 세계의 토대를 이루지만, 동시에 '개인적 체험의 보편화'라는 측면에서도 아유카와의 작품은 독자적이고 개성적인 것으로 평가받아야 한다.

시라이시 가즈코
白石かずこ

여성으로서의
자기 성찰

시라이시 가즈코의 시

시라이시 가즈코(白石かずこ),
그는 누구인가

시의 세계가 자유분방하여 많은 독자층이 있다

일본의 여류 시인을 대표하는 한 사람인 시라이시 가즈코(白石かずこ, 1931- , 이하 '시라이시'라고 함)는 일본에서 그 인지도가 매우 높고 일본 시단과 대중으로부터 많은 사랑을 받고 있는 시인이다. 20세기와 21세기에 걸쳐 활동하고 있는 이 시인의 시 세계가 보여 주는 가장 뚜렷한 특징은 자유분방하다는 것이다. 다양하게 시의 스타일을 시도하여 음악성도 있고 감각적인 작품도 많다. 또한, 해외 시인과의 활발한 교류를 통해 일본에만 정주하지 않는 활동 성향을 보여 준다는 점에서, '일본의 풍토로부터 초월한 신화적인 시적 세계는 코스모폴리탄으로서의 자질을 개화시켰다'는 평가를 받는다.

사리이시가 이러한 시 세계를 보여 주는 것은 그의 삶의 이력과도 연

관성을 갖는다. 그는 1931년 캐나다 벵쿠버 태생으로 그곳에서 성장했다. 일본으로 들어와 살게 된 것은 일곱 살 때의 일. 일본의 초등학교에 들어갔으나, 무미건조한 교과서나 군국주의 교육에 실망한다. 14세 때인 1945년 도쿄대공습 후, 아버지의 고향 마쓰야마(松山)로 피신하여 살았는데, 그때 여학교에서 받은 집단 공격으로 이른바 '검은 양(黒い羊)' 경험을 하게 된다. '검은 양'이란 집단 안에서 좋지 못한 시선으로 보이거나, 결점을 가진 사람에 대해서 사용되는 말로, 집단 따돌림을 받는 것, 혹은 그런 사람을 가리킨다. 이러한 문화 환경과 이방인으로서의 체험이 이후의 시라이시의 시 세계에 영향으로 작용한다.

학력은 와세다대학 문학부 졸업이다. 본명은 시라이시 가즈코(白石嘉壽子)이나, 일본여자대학부속고교 시절이던 1948년에 소설가 다자이 오사무(太宰治, 1909-1948)의 『사양(斜陽)』의 여주인공 이름과 연관 지어 히라가나 표기인 '시라이시 가즈코(白石かずこ)'를 자신의 팬네임으로 한다. 18세에 와세다대학 문학부에 입학(1949)하였으며, 재학 중에 시인 기타조노 가쓰에(北園克衛), 1902-1978)의 시 잡지《VOU》클럽에 참가(1951)하여 그의 지도로 모더니즘의 영향을 받는다. 더불어, 재학 중에 모더니즘 성향이 강한 첫 번째 시집 『달걀이 내리는 거리(卵のふる街)』(脇立書店, 1951)를 간행하였다. 그러나 22세가 되기 직전《VOU》와 결별하고 결혼을 하였으며, 9년간에 이르는 시적 침묵기를 보낸다.

이후 뚜렷한 시적 활동을 전개하여, 『범의 유희(虎の遊戯)』(1960), 『이제 더 이상 늦게 와서는 안 돼(もうそれ以上おそくやってきてはいけない)』(1963), 『오늘밤은 거친 모양(今晩は荒模様)』(1965), 『시라이시 가즈코 시집(白石かずこ詩集)』(1968), 『성스런 음자의 계절(聖なる淫者の季節)』(1970), 『한

척의 카누, 미래로 돌아오다(一艘のカヌー, 未来へ戻る)』(1978) 등의 시집으로 이어진다. 그 외에 많은 시집과 번역가로서도 활동하여 적지 않은 번역서도 출간하였다. 특히, 남녀의 성(性)을 다루며 인간 생명의 근원을 찾는 작품들은 일본인에게 널리 읽혀, 지금도 일본을 대표하는 여류 시인으로 그 이름이 높다. 요미우리 문학상(讀賣文學賞) 등을 수상하였다.

시라이시 가즈코와 한국과의 인연

시라이시 가즈코의 시적 특성을 설명하는 표현의 하나는 그가 일본에만 마무르지 않고 수많은 해외 시인과의 교류를 통해 다양한 시 세계를 보여 준다는 점이다. 특히, 필자에게는 그와 한국인과의 교류가 눈에 띈다.

시라이시와 한국과의 인연은 한국의 김광림 시인과의 만남이 잘 알려져 있다. 두 사람의 만남을 소중하게 생각하고 있는 문장도 여러 곳에서 볼 수 있다. 1986년이 그 첫 번째 인연의 시작인 듯. 당시 한국에서 열린 '아시아 시인대회'에 참가하여 한국의 율리시스인 시인 김광림과 운명적으로 만나며, 그것은 『김광림 시집(キム·クワンリム(金光林) 詩集)』(1995, 書肆靑樹社), 『속 김광림 시집(續キム·クワンリム(金光林) 詩集)』(2002, 書肆靑樹社)의 간행으로 이어진다. 두 사람의 만남으로 이루어진 중요한 저작들이다. 이 책들은 김광림이 자신의 시를 일본어로 번역하여 출판한 것으로 시라이시가 해설을 붙여 소개했다. 또한, 김광림

은 한국에서 직접 출간한 자신의 저서 『日本 現代詩散策』(2003, 푸른사상사)에서 「1998년의 神話를 쓴 국제 감각-지역과 인종을 초월한 白石 가즈코」(180쪽-186쪽)라는 제목으로 시라이시를 소개하는 글도 싣고 있다.

한편, 한국에서 번역 출간된 시라이시의 저서도 있다. 『나귀를 타고 두보마을로 가다』(시라이시 가즈코·권택명 옮김(2004), 푸른사상사)가 그것이다. 이 책에서 그는 김광림 시인을 다음과 같이 묘사한다. "김광림 시인, 머리 위에 하얀 분발을 얹고, 너무나도 매력적인 미소, 포용력, 유머, 재기, 발상, 강인함, 그것들을 종합한 하나의 정점에 있는 시단의 중진이기도 하다. 내가 아는 김광림 씨는 18세 때 북한에서 구상(具常) 시인의 뒤를 이어 서울로 남하한 시인이다. 그는 자신을 가리켜 한국의 율리시스란다."(같은 책, 213쪽).

그리고, 그때 만난 한국 시인들에 대한 인상도 남겨, "흰 수염이 아름다운 원로 시인 구상 선생이 낭독하는 개회의 시가 대회장에 울려 퍼지고, (중략) 남과 북으로 갈라져 있는 이 나라의 비극과 고뇌를, 부드럽고 웃음 어린 얼굴로 맞아주는 한국 시인들 (중략)"(같은 책, 205쪽)이라고 묘사했으며, 같은 여성인 김양식 시인을 "뛰어난 두뇌와 재능과 섬세함을 풍기는 아름다운 사람", "그녀가 하얀 치마저고리의 한복 차림으로 나타나 사회를 보았는데, 그 옆얼굴을 보고 있는 동안 정말 고전적인 한국의 미인이로구나 하는 생각이 들었다"(같은 책, 206쪽)고 하여, 한국과의 인연을 소중하게 생각하고 있음을 드러냈다.

이 글에서는 시라이시의 초기 시로 볼 수 있는 모더니즘 성향의 시와 함께 음악성도 있고 감각적인 작품인 「달걀이 내리는 거리(卵のふ

る街)」, 「이 용서할 수 없는 것(この許せないもの)」, 「스트리트(ストリート)」, 「남근(男根)-스미코의 생일을 위하여(男根-スミコの誕生日のために)」의 4편을 소개하여 그의 시 세계를 들여다보고자 한다. 한국인에게는 잘 알려지지 않은 일본 여류 시인의 독특한 개성을 가진 시를 공유할 수 있다는 점에서 이 글의 의의는 충분할 것이다.

「달걀이 내리는 거리」에 나타난 '슬프고도 우스꽝스러운 도시의 불협화음 같은 서정'

먼저, 시라이시 가즈코의 초기 시의 성격을 엿볼 수 있는 작품으로 꼽을 수 있는 「달걀이 내리는 거리(卵のふる街)」 읽어 보자. 다음은 그 전문.

> 푸른 양상추 깊은 못에서 쉬고 있자
> 달걀이 내려온다
> 싼 것 비싼 것 딱딱한 것에서 삶은 달걀까지
> 아기도 내려온다
> 소년도 내려온다
> 쥐도 영웅도 원숭이도 귀뚜라미까지
> 거리의 교회 위에도 유원지에도 내려왔다
> 나는 양손으로 받고 있었는데
> 슬픔같이 술술 빠져나가고
> 우스꽝스러운 실크 모자가

고층 건물의 머리를 극적으로 했다
식물의 차가운 혈관에 달걀은 내려온다
무엇 때문에?

〈나는 모른다 모른다 모른다〉
이것은 이 거리의 신문 사설입니다

「달걀이 내리는 거리」 전문

青いレタスの淵で休んでると/ 卵がふってくる/ 安いの　高いの　固い玉子から　ゆで卵まで/ 赤ん坊もふってくる/ 少年もふってくる/ 鼠も英雄も猿も　キリギリスまで/ 街の教会の上や遊園地にふってきた/ わたしは両手で受けていたのに/ 悲しみみたいにさらさらと抜けてゆき/ こっけいなシルクハットが/ 高層建築の頭を劇的にした/ 植物の冷い血管に卵はふってくる/ 何のために？// 〈わたしは知らない　知らない　知らない〉/ これはこの街の新聞の社説です

「卵のふる街」全文

이 시는 그의 첫 시집 『달걀이 내리는 거리』(1951)에 수록된 것으로, 시집의 표제작이다. 시라이시를 설명하는 용어의 하나는 모더니스트 시인이다. 이 시집은 그의 첫 번째 시집이자 모더니스트 시인으로서의 탄생을 알린다는 점에서 그 의의를 찾을 수 있다.

우선, 시를 읽어내려가다 보면 왜 시의 제목이 '달걀이 내리는 거리'인가에 생각이 집중된다. '달걀이 내리는 거리'는 비상식적인 그림이

다. 그런데도 이 표현에는 이미지의 번뜩임이 작동하고 있다. 그런 호기심에 대해 시라이시는, "달걀의 형태가 '회화(繪畵)로 마음에 들었기 때문이며, 시로 그림을 그린 것 같다는 생각을 했다"(飛高隆夫· 野山嘉正 (2017), 「白石かずこ」『展望 現代の詩歌』第3卷 詩Ⅲ, 明治書院, p.144 재인용)고 설명하고 있다. 그것은 곧 말을 시각적으로 느끼게 하는 언어적 시도다. 이것이 이 시를 이해하는 출발이 된다. 독자는 이 작품을 한 폭의 그림으로 받아들이고 시를 찬찬히 들여다보면 될 듯.

내려오는 것은 달걀뿐만 아니라, 인간도 동물도 벌레도 있다. 각각 다른 무게를 가진 존재들이 내려오는 것을 화자인 '내'가 양손으로 받아들인다. 그러나 그들은 "슬픔같이 술술 빠져나"가 버린다. 그것은 각각 다른 무게를 가진 것들의 해체다. 그럼 왜 "슬픔같이"일까. 다양한 생각을 할 수 있겠지만, 각각의 것들이 변화를 일으키며 "차가운 혈관"을 가진 식물인 '내'가 '슬픈 것'으로 읽는다는 느낌을 갖게 한다.

슬픈 것은 다시 "우스꽝"스럽다는 대비되는 말을 가져온다. 그리고 고층 건물 모양을 "실크 모자"라는 조금 어울리지 않는 것으로 비유한다. 이때 "무엇 때문에?"라는 의문은 갑자기 그 환상의 공간을 현실로 되돌리는 역할을 한다. 그 현실에는 '내'가 있다. 그렇지만, "〈나는 모른다 모른다 모른다〉"하며 '모른다'의 반복으로 이어지는데, 뜬금없이 "이 거리의 신문 사설"이라니. 그래서 이 시를 읽다 보면, 난센스를 푸는 듯한 기분에 젖어든다.

즉, 「달걀이 내리는 거리」는 실체를 빼앗겨버린 도시라는 공간에서 슬프고도 우스꽝스러운 그러면서 아무런 반응이 없는 감촉과 허공에 매달린 의미 등이 불협화음 같은 서정을 빚어 내고 있다.

다음에 소개하는 시는 「이 용서할 수 없는 것(この許せないもの)」이다. 모더니즘 시인이었던 시라이시가 어떤 시적 변화를 드러내고 있는지를 살펴보자.

「이 용서할 수 없는 것」에 나타난 '분방한 생명의 리듬에 편승한 쾌락의 사상'

솔직히 말해서
나는 녀석을 좋아하지 않는다
정말 믿음이 가지 않는다
나는 그 녀석과 상대하고 싶지 않다
게다가 그 녀석이
저렇게 정장을 하고 우리 집 현관으로
노트 위로 흙투성이 발로 들어온다
"버릇없는 녀석!"
이라고 하고 싶은데
내 의자에 이미 앉아서
내 파이프로
내 언어를 마구 피우기 시작하는 것이 아닌가

게다가
내 여자를 벌써 추근거리기 시작한다

또 그녀는 헤프게도

팬티 같은 것을 벗는다

그러면 나 같은 건 더렵혀지고

휴지통에 버려진다

솔직히 말해서 나는 녀석을 좋아하지 않는다

겨우

휴지통에서 기어 나오니 녀석은

도망친 것 같다

하지만 그녀는

그녀는 글쎄

내 파이프에 머물러 있는 녀석의 언어와

내 언어에 번갈아 키스하면서

천천히

무언가 아무렇지도 않다는 듯이

피워버리고 마는 것이다

「이 용서할 수 없는 것」 전문

正直いって/ おれはあれが好きじゃない/ 全くうそだといってもいい/ おれはあれとかかわりたくない/そのようなあれが/ あんなに正装してぼくの玄関へ/ ノートへ土足ではいってくる/〈失礼な〉/ といいたいのに/ おれの椅子にすでにすわって/ おれのパイプで/ おれの言葉を吸いはじめているではないか// その上/ おれの女をも

うくどきはじめている/ また彼女はだらしなく/ パンティなどをぬぐ/ するとおれなどは汚れて/ くずかごに捨てられる// 正直いっておれはあれが好きじゃない/ ようやく/ くずかごから這いでるとあれは/ 退散したようだ/が彼女は/ 彼女ときたら/ おれのパイプにとまったあれの言葉と/ おれの言葉に交互にキスしながら/ ゆっくり/ なにかなんでもないといった風に/ ふかしてしまっているのだ

「この許せないもの」全文

  이 시는 시집 『이제 더 이상 늦게 와서는 안 돼』(1963)에 실린 것이다. 앞에서 소개한 「달걀이 내리는 거리」보다는 12년 이상이 지난 후 발표된 작품이다. 우선, 시를 몇 번 되풀이해서 읽으면 시가 재미있다는 느낌을 가질 것이다. 시가 품고 있는 재미는 독자의 의식에 약간의 거부감을 주는 이상한 재미인지도 모른다. '나'와 '녀석'과 '그녀'의 기묘한 삼각관계가 펼쳐지기 때문이다. 그냥 시가 흐르는 대로 읽으면 가장 좋은 감상법이다.

  시라이시의 시를 분석하는 평자들은 이 작품이 실린 시집을 낼 무렵부터 이 시인의 시가 점점 '본령(本領)을 나타내기 시작한다'고 평가한다. 본령이란 시라이시의 시가 요설(饒舌)의 말의 리듬을 취하고, 분방한 생명의 리듬에 편승한 쾌락의 사상으로 전개되기 시작한다는 뜻이다. 첫 시집 『달걀이 내리는 거리』를 출간하고 나서 9년간의 침묵을 거쳐 다시 쓰기 시작한 두 번째 시집 『범의 유희』에 이르기까지 오랫동안 그녀의 시를 지배하고 있었던 모더니즘과 재치 넘치는 옷을 벗어버리고, 점점 '내 시(詩)도 시가 되었던 것'이 이 『이제 더 이상 늦게 와서는 안 돼」의 단계라고 보는 것이다.

즉, 「이 용서할 수 없는 것(この許せないもの)」은 분방한 생명의 리듬에 편승한 쾌락의 사상이 전개된 작품으로 볼 수 있다.

「스트리트」에 담긴 '사랑의 슬픔'

시라이시의 시 「스트리트(ストリート)」는 영어의 street를 가리킨다. 영어를 가타카나로 표기한 이 작품에는 그의 어떤 정서가 담겨 있을까. 다음은 그 전문이다.

> 어두운 길 초라한 거리
> 비가 내리고 있어서 조금 너무 추웠던 계절
> 레인코트를 입고 검은 우산을 받치고
> 아무리 손을 흔들어도 택시가 서지 않는다
> 그래서 걷기 시작한 우리
> 몸을 착 붙인
> 그 앞에 어떤 미래가?
> 흠뻑 젖을 대로 젖은 채 걷던 때 말이야
> 〈따뜻한 호텔
> 서로를 덥혔던
> 몸

사랑에 대한 갖가지 말이랑

몸짓은

무엇 하나

생각나는 게 없는데〉

「스트리트」 전문

暗い通り みすぼらしい街/ 雨が降っていて すこし寒すぎた季節/ レインコートを着て 黒い傘をさし/ いくら手をふってもタクシーがとまらない/ ので 歩きだした わたしたち/ からだを ぴったりとつけて/ の前に どんな未来が?/ ずぶ濡れになりながら歩いた時のことよ/ （暖かいホテル/ ぬくもりあった/からだ/ 愛についての数々の言葉や/ しぐさは/ 何ひとつ/ おもいだすことないのに）

「ストリート」全文

「스트리트」에 그려지는 가장 뚜렷한 정조는 사랑의 슬픔이다. "서로를 덮혔던/ 몸/ 사랑에 대한 갖가지 말이랑/ 몸짓은/ 무엇 하나/ 생각나는 게 없는데"에 주목하면, 화자의 슬픔이 구체화되는 양상을 띤다. 마치 프랑스의 샹송을 생각하게 하는 듯하다. 누구나 쉽게 소통할 수 있는 언어로 꾸린 서사가 떠오르고, 후렴처럼 〈 〉를 사용한 문장에서는 시적 여운이 빚어진다. 이 시가 수록된 시라이시의 시집은 『오늘밤은 거친 모양』(1965). 여기에는 모두 18편의 시가 수록되어 있는데, 시의 길이로 보면 대부분이 길다. 또한, 시의 주제로 보면 다분히 '히피

(hippie)적'이라는 특징을 갖고 있다. 시라이시의 많은 시집에서 이 시집이 가장 히피적이라는 평자들의 평가도 그러한 이 시집의 특징을 반영하는 것이다. 히피는 기성의 가치관·제도·사회적 관습을 부정하고, 인간성의 회복·자연과의 직접적인 교감을 주장하며 자유로운 생활 양식을 추구하는 젊은이들로, 1960년대 후반부터 미국을 중심으로 생겨나서 전 세계적으로 퍼졌던 것을 가리킨다. 그런 점에서 본다면, 비교적 온순하게 읽히는 「스트리트」는 이 시집의 일반적인 특징과는 다소의 거리감이 있을지도 모른다. 이 작품은 여성 시인으로서 사랑의 슬픔을 읊조리는 듯하다.

그러나 다음에 소개하는 시 「남근(男根)-스미코의 생일을 위하여(男根-スミコの誕生日のために)」은 이 시집에 어울리는 대표 작품으로 거론할 만하다. 대중들에게 가장 널리 알려진 작품의 하나다.

「남근-스미코의 생일을 위하여」에 담긴
'남근에 대한 시인의 때 묻지 않은 정신과 유머'

신은 없어도 있다
또한 그는 유머러스하여
어떤 종류의 인간을 닮았다

이번에는
거대한 남근을 데리고 내 꿈의 지평선

위를 피크닉하러 온 것이다

그런데

스미코의 생일에 아무것도 주지 않는 것은

후회가 된다

하다못해 신이 데려온 남근의 씨앗을

전화선 저쪽에 있는 스미코의

섬세하고 자그마한 귀여운 목소리에게

보내주고 싶다

용서하라 스미코

남근은 나날이 쑥쑥 자라서

지금은 코스모스 한복판에 돋아서

고장 난 버스처럼 움직이려고도 하지 않으니까

그래서

별이 흩어져 있거나 하는 아름다운 밤하늘이나

하이웨이를 뜨거운 여자를 데리고 자동차로 힘차게 달린다

어딘가에 있는 다른

남자가 보고 싶다고 생각할 때는

정말로

차근차근히 그 버스 창문으로 몸을 쑥 내밀고

엿보지 않으면 안 된다

남근이

움직이기 시작해 코스모스 옆 언저리에 있으면

전망이 좋은 것이다 그럴 때는

스미코

밤하늘 반짝거림의 쓸쓸함

대낮의 이상한 차가움이

창자에 배어 퍼져서

통절하게 보이는 건 보이고 모두 사람은

미치지 않으면 안 되게 된다

남근에는 이름도 없고 개성도 없다

또한 날짜도 없기에

축제 때의 미코시처럼

누군가가 둘러매고 지나갈 때

소란스러운 모양으로 때때로

그것이 있는 곳을 알 수 있게 된다

그 웅성거림 속에서

신에게 여전히 지배되지 않는 씨앗들의 미개한

폭동이나 악다구니의

공허함이 들리기도 하는 것이다 때로는

신이란 것은 툭하면 부재(不在)고

대신에 빛과 남근만을 두고

어딘가로 떠나는 것으로 보이고

지금 신이 잊어버리고 두고 간 남근이

걸어온다 이쪽으로

그것은 젊고 명랑하고

꾸밈없는 자신감에 넘쳐 있다 그래서

오히려 노련한 미소의 그림자를 닮았다

남근은 수없이 돌아나

수없이 걸어가는 것 같지만

실은 단수(單數)이며 홀로 걸어오는 것이다

어느 지평선에서 보더라도

한결같이 얼굴도 말도 없고

그러한 것을 스미코

너의 생일에 주고 싶다

너의 존재에 푹 덮어씌우고 그러면

너에게 저 자신이 안 보이게 되어서

때로 네가 남근이라는 의지 그 자체가 되어

끝도 없이 헤매고 다닌다는 걸

아득히 꽉 껴안아 움쭉 못 하게 하고 싶구나

「남근-스미코의 생일을 위하여」 전문

神は　なくてもある/ また　彼はユーモラスである　ので/ ある種の人間に似ている// このたびは/ 巨大な　男根を連れて　わたしの夢の地平線/ の上を/ ピクニックにやってきたのだ/ ときに/ スミコの誕生日に何もやらなかったことは/ 悔やまれる/ せめて　神の連れてきた　男根の種子を/ 電話線のむこうにいる　スミコの/ 細く

ちいさな　かわいい　声に/ おくりこみたい/ 許せよ　スミコ/ 男根は　日々にぐんぐん育ち/ いまは　コスモスの　真中に　生えて/ 故障したバスのように動こうとしないのだから/ そこで/ 星のちらばっていたりする美しい夜空や/ ハイウェイを　熱い女を連れて来るまで突っぱしる/ どこかのほかの/ 男をみたいと思う時は/ ほんとに/ よくよく　そのバスの窓からのりだして/ のぞかねばならない/ 男根が/ 動きだし　コスモスのわきあたりにあると/ 眺めがよいのだ　そんな時は/ スミコ/ 星空の　光りぐわいの寂しさ/ 真昼のおかしい冷たさが/ 腹わたにしみわたり/ しみじみと　みえるものはみえ　すべて人は/ 狂わずにいられなくなる/ 男根には　名前もなく　個性もない/ また　日づけもないので/ 祭のみこしのように/ 誰かが　かついで通りすぎる時/ さわぎの様子で　ときどき/ それと　在り家が知れる/ その　ざわめきの中で/ 神にいまだ支配されない種子たちの　未開の/ 暴動や　雑言罵言の/ 空漠がきこえたりするのだ　時折// 神というのは　とかく不在で　かわりに　借金や男根だけをおいて/ どこかにでかける　とみえ// いま/ 神に　おき忘れられた男根が/ 歩いてくる　こちらの方へ/それは　若く陽気で/ 巧まない自信にみちている　ので/ かえって　老練な微笑の影に似る// 男根は　無数に生え/ 無数に　歩いてくるようだが/ 実は　単数であり　孤りであるいてくるのだ/ どの地平線からみても/ いちように　顔も　ことばもなく/ そのようなものを　スミコ/ あなたの誕生日にあげたい/ すっぽりと　あなたの存在にかぶせ　すると/ あなたに　あなた自身が　みえなくなり/ 時に　あなたが　男根と

いう意志そのものになり/ はてもなく　さまようのを/ ぼうようと
抱きとめてあげたいと思う

「男根-スミコの誕生日のために」全文

　이 작품의 제목 '남근(男根)'은 우리가 알고 있는 바로 그 남성의 외부 생식기다. 쉽게 시의 제목이나 소재로 다루기가 쉽지 않지만, 여류 시인 시라이시가 그것을 다루고 있다는 점에서는 무척이나 대담하다. 유머가 넘치며 한편으로는 사랑스러운 언어로 풀어내고 있다는 점에서 이 시인의 매력은 충분하다. 시집 『오늘밤은 거친 모양』(1965)에 실린 18편 중의 한 편이다.

　무엇보다 시는 재미있다. 시인의 때 묻지 않은 정신이 거부감 없이 읽힌다. 그래서 시의 전체적인 분위기도 밝다. 남근을 혐오스럽게 혹은 비뚤어진 시각으로 다루고 있지 않음을 알 수 있다. 참고로 본문에 나오는 시어 "축제에서의 미코시"(2연 35행)에서 "미코시"는 제례 때 신위(神位)를 모시고 메는 가마를 가리키는 말이다. 참고로, 시의 부제로 쓰인 스미코는 작가이며 시인이고 번역가인 야가와 스미코(矢川澄子, 1930-2002)를 가리킨다. 그녀는 일찍부터 천재 소녀로 주목받았던 인물이다. 사후에는 '불멸의 소녀'로 불렸다고 한다.

　먼저 시의 이해를 위해 "이번에는/ 거대한 남근을 데리고 내 꿈의 지평선/ 위를 피크닉하러 온 것이다"(2연 1행-3행)에 주목해서 보면, 이것은 남근을 부끄러운 것, 혹은 외설의 대상으로 생각하지 않는다는 느낌을 갖게 한다. 태양 빛, 그 곁으로 데리고 가기 위한 것으로 파악하고 있다. 또한 "지금 신이 잊어버리고 두고 간" 것, "젊고 명랑하고/ 꾸밈없는 자신감에 넘쳐 있"어, "노련한 미소의 그림자를 닮"은 존재로 인식하고 있다. "신이란 것은 툭하면 부재(不在)고/ 대신에 빛과 남근만을 두고/ 어딘가로 떠나는 것으로 보이고// 지금 신이 잊어버리고 두고 간 남근이/ 걸어온다 이쪽으로"는 웃음을 자아냄과 동시에 시인이 빚어내는 솔직함으로 살아 움직이는 듯하다. 시적 깊이가 느껴진다.

특히, 남근에 대해 "스미코의 생일에 아무것도 주지 않는 것은/ 후회가 된다/"며 시의 서두에 나타난 표현이 다시 시의 말미에 "스미코/ 너의 생일에 주고 싶다/ 너의 존재에 푹 덮어씌우고 그러면/ 너에게 저 자신이 안 보이게 되어서/ 때로 네가 남근이라는 의지 그 자체가 되어/ 끝도 없이 헤매고 다닌다는 걸/ 아득히 꽉 껴안아 움쭉 못 하게 하고 싶구나"로 이어지는 것은 사리이시가 스미코에게 남근이 의지가 되었으면 하는 희망을 내재한 문장이다. 그것은 곧 남근을 두려워하지 말라는 뜻으로 해석이 가능하다.

그래서, "이 시는 사리이시 가즈코에게 남근은 인간의 패션을 구현하는 추상적 보편으로써 중요한 것이고, 욕망하는 '내'가 세계의 중심으로 있는 탓에 성, 인종, 나라, 언어, 예술의 장르 차이에서 그저 자유롭게 보이는 것이다."(糸井 茂莉(1997), 「시라이시 가즈코, 혹은 침범하는 성녀(白石かずこ, あるいは侵犯する聖女)」, 『現代詩手帖』, 思潮社 [編]), PP.78-83 참조)라는 평가에 귀를 기울이게 된다.

즉, 「남근(男根)-스미코의 생일을 위하여(男根-スミコの誕生日のために)」는 남근에 대한 사라이시의 때 묻지 않은 정신과 유머가 내재된 작품이다. 향후 이 작품은 그에게 시인으로서의 대중적인 인지도에 크게 기여하는 기능으로 작용한다.

마무리
글

　이 글에서 살펴본 시라이시 가즈코의 시는 「달걀이 내리는 거리」, 「이 용서할 수 없는 것」, 「스트리트」, 「남근(男根)-스미코의 생일을 위하여」의 모두 4편이었다. 이 4편은 그가 남긴 수많은 작품에서 보면 극히 일부분이지만, 대표성을 갖는다고 판단하여 소개한 것이다.

　먼저, 그의 초기시의 특징을 보여 주는 「달걀이 내리는 거리」는 모더니즘에 충실한 시인 시라이시의 시적 특성이 잘 드러난 작품으로, 슬프고도 우스꽝스러운 도시의 불협화음 같은 서정을 감지할 수 있었다.

　그리고 「이 용서할 수 없는 것」에는 분방한 생명의 리듬에 편승한 쾌락의 사상이 읽혔으며, 「스트리트」에는 사랑의 슬픔이, 「남근(男根)-스미코의 생일을 위하여」에는 남근에 대한 시인의 때 묻지 않은 정신과 유머가 내재되어 있다는 것을 각각 느낄 수 있었다. 이 3편의 작품은 시를 꾸리는 시라이시의 사상과 시적 재능이 자유분방함을 토대로 하고 있었으며, 그 자유분방함은 음악성을 갖추고 있으며 동시에 감각적이었다. 이것이 평자들이 평가하는 이 시인의 매력으로 설명할 수 있다.

　이러한 매력으로 사리이시는 시인으로서 또한 여성으로서 자기 성찰을 보여 주는 대표적인 여류 시인으로 일본에서 그 인지도가 매우 높은 것이다. 대중으로부터 많은 사랑을 받고 있는 것이다.

　한국에서는 아직 시라이시의 시가 많이 소개되지 않은 편이다. 그 지명도는 미약하다. 이 글이 한국인에게 그의 작품을 소개하는 차원을 넘어서서 이해하고 공유하는 계기가 된다면 필자는 그 작은 역할에 만족할 것이다. 아울러, 향후 시라이시의 시를 번역하고 널리 알리는 번역자나 연구자가 나오길 기대한다.

다니카와 슌타로

谷川俊太郎

전후 시(戰後詩)의
큰 별

다니카와 슌타로의 시

다니카와 슌타로(谷川俊太郞),
그는 누구인가

세계에 다양한 언어로 번역되어 지명도가 높다

만약, 현존하는 일본 시인 중에서 한국인에게 가장 잘 알려진 인물이 누구냐고 묻는다면, 다니카와 슌타로(谷川俊太郞, 1931- , 이하 '다니카와'라고 함)라고 대답해야 할 것 같다. 그는 한국인의 가슴 속에 작은 물결처럼 서서히 파고들고 있는 시인이다. 더불어, 다니카와의 시는 한국어, 영어, 프랑스어, 독일어, 슬로바키아어, 덴마크어, 중국어, 몽골어 등 다양한 언어로 번역되어 세계인들에게도 널리 읽히고 있다는 점에서. 그는 일본 시인 중에서는 높은 지명도를 자랑한다. 전후 시(戰後詩)의 거성으로 손꼽아도 전혀 손색이 없는 것은 그 때문이다.

다니카와 시는 어떤 성격을 가질까. 저명한 평론가이며 시인인 오오카 마코토(大岡信, 1931- 2017)는 그의 시적 특질을 다음과 같이 설명한다. "'감수성 자체의 가장 엄밀한 자기표현', '감수성 자체를 수단으로 하며 동시에 목적으로 하는 시', 그 전형적인 시인으로 다니카와를 들 수 있다. 이러한 '감수성 그 자체를 축제로 하는 시'는 그 이전의 세대인 아유가와 노부오(鮎川信夫, 1920-1986)·다무라 류이치(田村隆一, 1923-1998)등과 대비되며, 다니카와와 같은 시인들의 세대는 '무엇보다 주제(主題)의 시대였던 《황지(荒地)》파나 《열도(列島)》파에 대한 안티테제(Antithese)로써 출현했다.(「戰後詩 槪說」, 『現代詩 大系』 解說, 思潮社, 1966-67)고 말하고 있다."

이 문장은 사토 요이치(佐藤洋一)의 논문(「谷川俊太郎の詩法」, 『愛知教育大學硏究報告 48』(人文·社會科學編), 1999, p.228)에서 빌린 것인데, 여기서 안티테제는 '정반대, 대립 명제(對立命題)' 정도로 번역할 수 있는 말이다. 바꿔 말한다면, 말(언어)의 세계로 한층 더 깊이 잠입하는 것이 시의 목적 그 자체일 수 있다는 것이다. 당시 그러한 성향의 시를 쓴 시인들은 다니카와를 비롯해 가와사키 히로시(川崎洋, 1930-2004), 이바라기 노리코(茨木のり子, 1926-2006) 등을 들 수 있다. 그런 성향을 나타내기에 그의 시는 아이가 읽고 즐길 수 있는 것에서부터 실험적인 시풍까지 폭넓은 시 세계를 보여 주고 있다.

여기서 그의 시 세계를 이해하는 데 필요한 작업의 하나로 연보를 살펴보기로 하자.

문학적 업적과 생애

다니카와 슌타로는 1931년 도쿄 태생이다. 도쿄도립도요타마고등학교(東京都立豊多摩高等學校)를 졸업하였다. 아버지는 철학자이며 평론가로 호세이대학(法政大學) 총장을 역임한 다니카와 데쓰조(谷川徹三). 고등학교 재학시절인 1948년부터 시를 발표하기 시작하여, 1950년에는 《문학계(文學界)》에 「네로(ネロ)」외 5편의 시를 게재하였다. 10대 때부터 문단 활동을 한 셈이다. 1952년에는 첫 시집 『이십억 광년의 고독(二十億光年の孤獨)』을 간행하는 등, 일련의 의미 있는 시적 활동을 펼쳤는데, 여기에는 당대의 유명 시인이며 아버지의 지인이었던 시인 미요시 다쓰지(三好達治, 1900-1964)의 소개와 평가가 있었다. 특히 이 시집은 10대의 투명한 정감이 돋보이는 싱싱한 시적 특성을 보여 주며, 그의 시인으로서의 삶뿐만 아니라 일본 전후 시단에 중요한 출발을 알리는 시집으로 평가받는 인기를 누린다.

또한 21세 때인 1953년에는 동인지 《노(爐)》에 참가하여 오오카 마코토, 이바라기 노리코, 가와사키 히로시 등과 함께 동인으로 활동함과 동시에, 두 번째 시집 『62의 소네트(六十二のソネット)』를 출간하며 현대시의 최전선에서 실험적인 시 쓰기를 계속하는 활약을 펼친다. 그것은 곧 그가 일본인에게 사랑받는 시인으로 자리매김하는 계기로 작용한다.

이후, 시집 『사랑에 대하여(愛について)』(1955), 『그림책(絵本)』(1956), 『당신에게(あなたに)』(1960), 『익명 풍자 99(落首九十九)』(1964), 『정의(正義)』(1975), 『한밤중에 부엌에서 나는 너에게 말을 걸고 싶었다(夜中に台所でぼくはきみに話しかけたかった)』(1975), 『여자에게(女に)』(1992) 등을 출간하

며 시인으로서 왕성한 활동을 전개하였다.

더불어 그는 시 창작과 함께 노래 가사의 작사, 각본, 에세이, 평론 활동, 번역, 영화 제작 등 문학과 문화 전반에 걸쳐 전방위적인 활동을 펼치며, 일본 현대 시단에서 가장 다채롭고 왕성한 활약을 하는 사람으로 자리매김한다. 다니카와가 지금까지 출간한 책은 200여 권을 헤아리는데, 이는 그의 시인으로서의 성실성과 문학적 재능을 동시에 보여 주는 좋은 사례가 된다.

이러한 그의 시적 매력에 접근하고자 이 글에서 소개하는 시는 「이십억 광년의 고독(二十億光年の孤独)」, 「62(六二)」, 「내 친구 컴퓨터에게(我が友コンピューターに)」, 「자기소개(自己紹介)」의 4편이다.

「이십억 광년의 고독」과 「62」: '우주와 세계를 노래하다'

먼저, 소개하는 시는 다니카와 슌티로의 대표작이며 초기시를 대표하는 2편 「이십억 광년의 고독(二十億光年の孤独)」과 「62(六二)」다. 먼저, 「이십억 광년의 고독」의 전문을 읽어 보기로 하자.

인류는 자그마한 공 위에서
자고 일어나고 그리고는 일하며
때로는 화성에 친구를 갖고 싶어 하기도 한다

화성인은 자그마한 공 위에서

무엇을 하고 있는지 나는 모른다

(혹은 네리리,도 하고 키르르,도 하고 하라라, 하고 있을까)

그러나 때때로 지구에 친구를 갖고 싶어 하기도 한다

그것은 분명 확실한 것이다

만유인력이란

서로를 끌어당기는 고독의 힘이다

우주는 일그러져 있다

그러기에 모두는 서로를 구하고 있다

우주는 자꾸자꾸 팽창해간다

그리하여 모두가 불안하다

이십억 광년의 고독에

나는 불현듯 재채기를 했다

「이십억 광년의 고독」 전문

人類は小さな球の上で/ 眠り起きそして働き/ ときどき火星に仲間を欲しがったりする// 火星人は小さな球の上で/ 何をしてるか　僕は知らない/ (或いは　ネリリし　キルルし　ハララしているか) / しかしときどき地球に仲間を欲しがったりする/ それはまったくた

しかなことだ// 万有引力とは/ ひき合う孤独の力である// 宇宙はひずんでいる/ それ故みんなはもとめ合う// 宇宙はどんどん膨らんでゆく/ それ故みんなは不安である// 二十億光年の孤独に/ 僕は思わずくしゃみをした

「二十億光年の孤独」全文

「이십억 광년의 고독(二十億光年の孤独)」은 1952년에 간행된 자신의 첫 시집 『이십억 광년의 고독』에 실린 작품이니 표제작인 셈이다. 그의 많은 작품 중에서도 한국인에게 가장 많이 알려진 작품의 하나이며, 그의 대표작으로도 자주 거론된다.

시를 찬찬히 들여다보면, 우선 '이십억 광년'이라는 용어에 눈길이 갈 수밖에 없다. '광년'이란 빛이 진공 속에서 1년 동안 진행한 거리로 천체 사이의 거리를 나타낼 때 쓰는 용어다. 빛은 진공 속에서 1초 동안에 약 30만km를 진행한다고 하니, 1년 동안에 도달하는 거리는 약 $9.46 \times 1,012$km이며, 이 거리가 1광년이 된다. 따라서 '이십억 광년'은 어마어마한 거리다. 그것은 곧 우주의 크기다. '이십억 광년의 고독'은 차갑고 추운 우주 공간으로 해석되어, 화자에게 갑작스런 재채기를 유발하는 결과를 가져온다는 의미로 시를 읽으면 좋을 듯하다.

1연의 "자그마한 공"은 지구이며, 2연의 "자그마한 공"은 화성이다. 우주 전체에서 보면, 지구도 화성도 작은 공처럼 존재할 뿐이다. 그 자그마한 지구 위에서 인류는, "자고 일어나고 그리고는 일하며/ 때로는 화성에 친구를 갖고 싶어"한다. 우주에 생명이 존재하는 별이 지구뿐이라고 한다면 지구는 당연히 쓸쓸하겠지만, 다행히도 화자는 지구와

이웃한 화성에도 인류와 같은 생명체가 살고 있다고 상상하여, 그들도 지구인과 친구가 되고 싶어 한다는 생각을 서술하기에 이른다. 그리하여 2연 3행에서는, 화성인도 지구인처럼, 네리리, 키르르, 하라라, 라고 말을 한다고 표현한다. 여기에서 화자는, '네리리'는 일본어의 '네루'(寝る, 한국어로는 '자다'는 뜻)라는 말을 화성인은 그와 비슷한 발음으로 '네리리'라고 한다고 했으며, '키르르'는 일본어의 '키루'(着る, 한국어로는 '입다'는 뜻)를 화성인은 '키르르'라고, '하라라'는 일본어의 '하라하라스루'(はらはらする, 한국어로는 '아슬아슬하다'는 뜻)를 화성인은 '하라라'라고 발음할지도 모른다는 상상을 펼쳐 보인 것이다. 다니카와만의 시적 묘미가 느껴지는 대목이다.

그래서 시는 3연에 이르러, 지구인과 화성인 사이에도 서로를 끌어당기는 힘, 즉, 만유인력이 작용하고 있다고 보고, 홀로 고독을 느끼면서 다른 존재와 친구가 되고 싶어 한다는 설득력을 얻게 된다. 4연의 "우주는 일그러져 있다/ 그러기에 모두는 서로를 구하고 있다"도 같은 논리로 설명할 수 있다. 5연의, "우주는 자꾸자꾸 팽창해간다/ 그리하여 모두가 불안하다"는 넓디넓은 우주가 지금 이 순간에도 자꾸자꾸 넓어져 가는 현상에 대해서, 지구가 외따로 남게 될 것 같은 생각이 들기 때문에, '불안하다'는 심리를 드러낸 것이다. 6연에 등장하는 화자의 '재채기'는 그런 불안 심리의 구체적인 행동 표출로 읽으면 될 듯.

다니카와가 스물한 살에 쓴 작품이라는 사실을 감안하면, 이 작품은 무척이나 뛰어나다. 이처럼 그는 이 시를 발표하며 당시의 일본 문단으로부터, "우주 감각을 동반한 예리하고 섬세한 감수성을 응축시켜 표현한 걸작"으로 평가받으며, 전후 시(戰後詩)의 새로운 별이 되어 시단에 혜성같이 등장한다. 전후 시인 중에서 폭넓은 독자로부터 두터운 지지를 받는 시인으로서의 입지를 굳히는 계기가 된다. 물론 거기에는 앞서 언급한 것처럼, 당시의 일본 시단을 대표하는 시인이었던 미요시 다쓰지의 호평도 한몫했다.

다음으로, 다채로운 시 세계를 보여 주는 다니카와의 작품에서, 특히 풍부한 감수성을 보여 주는 시집으로 평가받는 『62의 소네트』에 실린 시 「62(六二)」는 어떤 매력으로 읽히고 있을까.

> 세계가 나를 사랑해주기 때문에
> (잔혹한 방법으로 때로는 상냥한 방법으로)
> 나는 언제까지나 혼자 있을 수 있다
>
> 나에게 처음으로 한 사람이 주어졌을 때도
> 나는 그저 세계의 소리만을 듣고 있었다
> 나에게는 단순한 슬픔과 기쁨만이 분명하다
> 나는 언제나 세계의 것이기 때문에
>
> 하늘에게 나무에게 사람에게
> 나는 스스로를 던진다
> 이윽고 세계의 넉넉함 그 자체가 되기 위해서……
>
> 나는 사람을 부른다
> 그러자 세계가 뒤돌아본다

그리고 내가 사라진다

「62」 전문

世界が私を愛してくれるので/ (むごい仕方でまた時に やさしい仕方で) /私はいつまでも孤りでいられる// 私に始めてひとりのひとが 与えられた時にも/ 私はただ世界の物音ばかりを 聴いていた/ 私には単純な悲しみと喜びだけが 明らかだ/ 私はいつも世界のものだから// 空に樹にひとに/ 私は自らを投げかける/ やがて世界の豊かさそのものとなるために ……// 私はひとを呼ぶ/ すると世界がふり向く/ そして私がいなくなる

「六二」全文

인용 시는 시집 『62의 소나타』에서 맨 마지막에 실린 「62」 전문이다. 시집에는 「동경(憧れ)」, 「침묵(沈默)」, 「시작(始まり)」 등 62편이 실려 있다. 위의 시는 '나'와 '세계'가 하나가 된 행복한 상태를 노래하는 작품이다. 시인은 후에 자신의 작품에 대해 밝힌 글을 통해, 이 시집은 "하나의 완결, 젊음의 정점"이라고 힘주어 말하고 있다.

시를 읽어 보면, 1연은 특별한 의미를 가진 '세계'와 '나'는 '사랑'으로 이어져 있다는 일체감의 표현이다. 2연은 '나'라는 존재에게 이성이 나타나 연애를 경험하지만, 그것은 단순히 세계의 소리 일부만을 듣는 그 이상도 그 이하도 아니라고 규정하고 있다. 3연은 "하늘에게 나무에게 사람에게/ 나는 스스로를 던진다"고 말하고 있듯이, 사랑하는 사람도 우주의 일부로 인식하고 있다. "세계의 넉넉함 그 자체가 되기 위해서"에서는 '나'와 '세계'가 하나가 된 듯한 행복감이 묻어난다. 그것이 4연에서는, '나'와 '세계'의 하나됨은 완료를 뜻하는 것으로 서술되고 있다.

이처럼 자기의 감수성이 절대적 가치를 지니고 있으며, 그 감수성에 의해 우주와 교환하는 상태, 이것이 다니카와가 말하는 '젊음의 정점'일 것이다. 이 시는 다음 순간에 무너지는 한 걸음 앞에서 최고의 빛을 발하고 있는 청춘의 어떤 상태를 노래하고 있다.

「내 친구 컴퓨터에게」와 「자기소개」: '일상에 바탕을 둔 읽기 편한 시'를 창작하다

젊은 시절의 다니카와 슌타로는 점차 연륜이 깊어지면서는 어떤 작품을 썼을까. 「내 친구 컴퓨터에게(我が友コンピューターに)」와 「자기소개(自己紹介)」의 2편을 통해 그의 시 세계를 들여다보자.

나는 너를 본 적이 있다
너는 커다란 상자처럼 단순한 모습을 하고 있었다
나는 너를 만진 적이 있다
너에게는 은은한 체온이 있었다
난 너를 사랑하지는 않지만 무서워하지도 않는다

너는 점점 거대해지겠지

너는 점점 영리해지겠지

하지만 나는 나 그대로일 것이다

부아가 난다거나 까닭 없이 밉다거나

변함없이 그런 자잘한 버릇도 버리지 못한 채

하지만 이진법에 대해서 그 아무것도 알지 못해도

나도 너의 프로그래머다

난 너에게 입력한다 어처구니없는 이상(理想)을

정보라는 세찬 물줄기가 모든 비밀을 씻어버리고

인간이 자신의 발가벗은 마음을

단지 그것만을 지켜보지 않을 수 없을 때까지

「내 친구 컴퓨터에게」 전문

僕はきみを見たことがある/ きみは大きな箱のように単純な姿をしていた/ 僕はきみに触れたことがある/きみにはかすかだが体温があった/ 僕はきみを愛してはいないが怖れてもいない// きみはますます巨きくなるだろう/ きみはますます利口になるだろう/ でも僕は僕のままだろう/ しゃくにさわるとか虫が好かぬとか/ 相変わらずそんな小さな業すら捨てきれずに// だが二進法について何ひとつ知ってなくても/ 僕もきみのプログラマーだ/ 僕はきみに入力する 途方もない理想を/ 情報の奔流がすべての祕密を洗い流し/人間が自らの裸の心を/ ただそれのみをみつめざるを得なくなるまで

「我が友コンピューターに」全文

인용한 시는 1990년에 출간한 시집 『하늘에 작은 새가 사라진 날(空に小鳥がいなくなった日)』에 실린 작품 「내 친구 컴퓨터에게」 전문이다. 특별한 주석이 없어도 쉽게 읽히는 매력이 있다. 시인의 59세 때의 작품임을 감안하면, 첨단 제품인 컴퓨터를 대하는 그의 편안함이 감지된다.
　또한 다니카와는 76세 때에 『나(私)』(2007)라는 시집 속에서 다음과 같은 시를 발표한다.

　　저는 키 작은 대머리 노인입니다
　　벌써 반세기 이상 동안
　　명사랑 동사랑 조사랑 형용사랑 물음표 등
　　말들에 시달리면서 살아왔기 때문에
　　어느 쪽인가 하면 말 없는 것을 좋아합니다

　　저는 목수 연장 같은 것을 싫어하지 않습니다
　　또 키 작은 것도 포함해서 나무를 무척 좋아하지만
　　그것들의 명칭을 외우는 일은 서툽니다
　　저는 지나간 날짜에 그다지 관심이 없고
　　권위라는 것에 반감을 갖고 있습니다

　　사시고 난시고 노안입니다
　　집에는 불단(佛壇)도 신을 모셔 놓은 감실(龕室)도 없지만
　　방안으로 직결되는 커다란 우편함이 있습니다
　　저에게 수면은 쾌락의 일종입니다

꿈을 꾸어도 깨어나면 잊어버립니다

여기서 쓴 것은 모두 사실입니다만
이런 식으로 말로 해버리니 왠지 수상하네요
따로 사는 자식 두 명 손자 손녀 네 명 개나 고양이는 키우지 않습니다
여름은 거의 티셔츠로 지냅니다
제가 쓰는 말은 값이 매겨질 때가 있습니다

「자기소개」전문

私は背の低い禿頭の老人です/ もう半世紀以上のあいだ/ 名詞や動詞や助詞や形容詞や疑問符など/ 言葉どもに揉まれながら暮らしてきましたから/ どちらかと言うと無言を好みます// 私は工具類が嫌いではありません/ また樹木が灌木も含めて大好きですが/ それらの名称を覚えるのは苦手です/ 私は過去の日付にあまり関心がなく/ 権威というものに反感をもっています// 斜視で乱視で老眼です/ 家には仏壇も神棚もありませんが/ 室内に直結の巨大な郵便受けがあります/ 私にとって睡眠は快楽の一種です/ 夢は見ても目覚めたときには忘れています// ここに述べていることはすべて事実ですが/ こうして言葉にしてしまうとどこか嘘くさい/ 別居の子ども二人孫四人犬猫は飼っていません/ 夏はほとんどTシャツで過ごします/ 私の書く言葉には値段がつくことがあります

「自己紹介」全文

「자기소개」라는 시의 전문이다. 역시 편안하게 읽힌다. 그 편안함이란 시인만이 지닌 사양하는 듯한 소극적인 유머가 담겨 있다는 뜻이기도 하다. 마지막 행(4연 5행)의, "제가 쓰는 말은 값이 매겨질 때가 있습니다"는 '시에는 값이 매겨진다'는 단정적인 표현으로 받아들이면 된다. 솔직함이 작품의 바탕에 흐르고 있다.

이처럼 소개한 2편의 시는 일상생활에 바탕을 둔 작품으로 누구나 편안하게 읽을 수 있다는 특징을 보여 준다. 그것은 곧, 자신의 삶이 결코 서민들의 삶과 유리된 것이 아니라는 다니카와만의 사고를 반영하는 것이다. 이러한 점이 독자들과 그의 작품이 밀접한 관계를 유지하는 매력으로 작용하고 있는 것이다.

마무리 글

다니카와 슌타로의 시력(詩歷)은 무려 70년을 훌쩍 넘긴다. 최근 그는, "타인과는 그 교제가 얕기 때문에 상대를 긍정할 수 있다"(《생각하는 사람(考える人)》 2016년 여름호)는 말을 했다. 이는 타인에 대한 집착에서 벗어나 자신의 시적 세계를 표현한다는 뜻으로 해석할 수 있다. 일본의 현대 시단에서 가장 왕성한 활동을 펼쳐온 시인답게 그는 앞으로도 다양한 시 쓰기 작업을 계속할 것 같다. 카멜레온처럼 여러 작풍(作風)을 구사해온 이색적인 시인이라는 평가와 함께, 그의 시는 여전히 보통의 사람들이 쉽게 만지고 느낄 수 있는 소통의 능력을 보일 것이다.

그것은 곧 그의 시를 관통하는 높은 가독성과 함께 다니카와만의 매력으로 거론할 만하다. 동시에 세계인들이 그의 작품을 읽는 중요한 이유가 되기도 할 것이다.

그런 그가 한국의 신경림 시인과 함께 『모두 별이 되어 내 몸에 들어왔다』(2015, 예담)라는 대담집을 출간하여 한국의 독자들에게 그의 존재와 시를 알리기도 하였는데, 다음의 시는 이들 두 시인의 깊이를 잘 드러낸 작품으로 생각되어 소개하고자 한다. 다니카와의 시가 한국인에게 읽히듯이, 한국인 시인의 시도 일본인 독자에게 읽히기를 기대해본다.

신문에서 눈을 떼고 텔레비전 소리도 끄고
뜰에 있는 단풍나무의 어린잎을 바라봅니다
사람의 손이 닿지 못하는 것을 외경(畏敬)하는 것과
사람의 손이 닿을 것을 무서워하는 것
외경심을 잃어버릴 때 공포가 생긴다

— 다니카와

사람의 손이 닿지 못하는 것은 갈수록 많아지고
사람의 손이 닿은 것은 갈수록 두려워진다
세상에 아무것도 주지 못하면서
오래 서 있기만 하는
늙은 미루나무가 오늘따라 서럽다

— 신경림

참고문헌

한국 자료 (가나다 순)

김광림(2003), 『日本 現代詩散策』, 푸른사상사.

니시와키 준사부로 / 김춘수 옮김(2002), 『나그네는 돌아오지 않는다 니시와키 준사부로 시선(詩選)』(세계시인선51), 민음사.

다카무라 고타로 / 김정신, 김태영 번역(2020), 『치에코초』, 지식을 만드는 지식.

미요시 다쓰지 지음 / 오석윤 옮김(2006), 『미요시 다쓰지 시선집』. 小花.

시라이시 가즈코 / 권택명 옮김(2004), 『나귀를 타고 두보마을로 가다』, 푸른사상사.

신경림·다니카와 순타로(2015), 『모두 별이 되어 내 몸에 들어왔다』, 예담.

오석륜(2022), 『일본 시인, '한국'을 노래하다』, 소명출판.

＿＿＿(2019), 『미요시 다쓰지三好達治 시를 읽는다』. 역락.

＿＿＿(2015), 「미요시 다쓰지는 한국을 어떻게 노래했을까」, 『月刊文學』559, 한국문인협회.

오양호(2008), 『백석』, 한길사.

吳英珍 譯著(1992), 『日本 名詩 鑑賞』, 聖學社.

요시다 세이이치(吉田精一)저 / 정승운 역(2003), 『일본 현대시 감상』, 보고사.

유정 편역(1997), 『일본 근대 대표 시선』, 창작과 비평사.

＿＿＿(1997), 『일본 현대 대표 시선』, 창작과 비평사.

유종호(2011), 「상호텍스트성의 현장」 『문학수첩』 2011 여름호.

이숭원(2016), 「白石 詩 硏究의 留意點과 課題」『語文硏究』 제44권 제2호.

＿＿＿(2012), 「백석 시 연구의 현황과 전망」『한국시학연구』34.

키타하라 하쿠슈 / 양동국 번역(1998), 『키타하라 하쿠슈 시선』, 민음사.

하기와라 사쿠타로(萩原朔太郎) / 서재곤 번역(2008), 『우울한 고양이(靑猫)』, 지식을 만드는 지식.

일본 자료 (오십음도 순)

『鮎川信夫全集』全8巻(1989-2001), 思潮社.

安西均(1978),「三好達治と『四季』」『現代詩物語』, 有斐閣.

安西均編(1975),『日本の詩 三好達治』, ほるぷ出版.

糸井茂莉(1997),「白石かずこ, あるいは侵犯する聖女」『現代詩手帖』, 思潮社.

伊藤信吉(1967),『日本の近代詩』(日本近代文學館 編), 讀賣新聞社.

＿＿＿＿(1952),『現代詩の鑑賞(上)』, 新潮社.

＿＿＿＿(1987),『現代詩の鑑賞(下)』, 新潮社.

大岡信(1966-67),「戰後詩 槪說」『現代詩 大系』解說, 思潮社.

大岡信編(1996),『現代詩の鑑賞 101』, 新書館.

小川和佑(1976),『三好達治研究』, 教育出版センター.

小海永二 編1982),『現代詩』(鑑賞日本現代文學 31), 角川書店.

木下順二 外/監修(1981),「中学国語 1 」, 教育出版.

佐藤洋一 (1999),「谷川俊太郎の詩法」愛知教育大學研究報告 48 (人文·社會科學編).

白石かずこ編(1995),『キム·クワンリム(金光林) 詩集』, 書肆靑樹社.

白石かずこ編(2002),『續キム·クワンリム(金光林) 詩集』, 書肆靑樹社.

白石かずこ(1963),『もうそれ以上おそくやってきてはいけない』, 思潮社.

＿＿＿＿(1965),『今晩は荒模様』, 思潮社.

＿＿＿＿(1951),『卵のふる街』, 協立書店.

島崎藤村(1897),『若菜集』, 春陽堂.

＿＿＿＿(1901),『落梅集』, 春陽堂.

＿＿＿＿(1904),『藤村詩集』, 春陽堂.

『高村光太郎全集』全18巻・別巻1巻(1957.3~1959.3), 筑摩書房.

『田中冬二全集』第3巻(1984), 筑摩書房.

谷川俊太郎(1952),『二十億光年の孤独』創元社.

_____(1953),『六十二のソネット』創元社.

_____(1974),『空に小鳥がいなくなった日』, サンリオ.

_____(2007),『私』, 思潮社

『定本 西脇順三郎全集』(1993-1994), 全12巻・別巻 1, 筑摩書房.

『日本の詩歌 1 島崎藤村』(1968), 中央公論社.

『日本の詩歌 9 北原白秋』(1968), 中央公論社.

『日本の詩歌 10 高村光太郎』10(1968), 中央公論社.

『日本の詩歌 12 西脇順三郎 外 3人』(1968), 中央公論社.

『日本の詩歌 14 萩原朔太郎』(1968), 中央公論社.

『日本の詩歌 22 三好達治』(1968), 中央公論社.

『日本の詩歌 24 丸山薫 外 4人』(1968), 中央公論社.

眞下三郎, 響庭孝男 監修(1969, 2003年 改訂 43版),『新編 日本文學史』, 第一學習社.

村上隆彦(1990),「田中冬二詩集『青い夜道』私註(A)」『佛教大学人文学部論集』24號.

佛教大学文学部学会.

『三好達治全集』(1965), 筑摩書房.

萩原朔太郎(1968),『日本の詩歌』14, 中央公論社.

_____(1923),『青猫』, 新潮社(三笠文庫, 新潮文庫 再刊).

_____(1917),『月に吠える』, 感情詩社 ほか(角川文庫・講談社文庫で再刊).

_____(1925), 『純情小曲集』, 新潮社.

_____(1928), 『萩原朔太郎詩集』, 第一書房(復刻版も刊).

『白秋全集』 全40巻(1986-88), 岩波書店.

飛高隆夫·野山嘉正(2017), 「白石かずこ」 『展望 現代の詩歌』 第3巻 詩Ⅲ, 明治書院.

安田保雄(1963), 「『青空』時代の三好達治」, 『鶴見女子大學』 第1號.

吉田精一·分銅惇作 編(1969), 『近代鑑賞詩辞典』, 東京堂出版.

인문독회 2

한국인이 꼭 알아야 할
일본 시인

오석륜 지음

초판 1쇄 발행 2024년 6월 14일

지은이	오석륜
펴낸곳	청색종이
펴낸이	김태형
인쇄	범선문화인쇄
등록	2015년 4월 23일 제374-2015-000043호
주소	서울시 영등포구 문래동2가 14-15
전화	010-4327-3810
팩스	02-6280-5813
이메일	bluepaperk@gmail.com
홈페이지	bluepaperk.com

ⓒ 오석륜, 2024

ISBN 979-11-93509-07-4 03830

이 도서는 저작권법에 따라 보호받는 저작물이므로 저작권자와 출판사의 허락 없이 복제하거나 다른 용도로 사용할 수 없습니다. 사진 등 저작권자가 확인되면 저작권료를 지급하겠습니다.

값 16,000원